F

Ex. relié substitué à celui
du dépôt envoyé aux Doubles
— Don de l'auteur

44037

LA

LÉGISLATION

SUR LES

EAUX MINÉRALES.

En publiant ce modeste travail, j'ai voulu simplement réunir et coordonner des dispositions éparses, sur une matière spéciale à laquelle la faveur qui s'attache, de nos jours, à l'usage des eaux minérales, et la vogue sans cesse en progrès dont jouissent nos établissements thermaux, m'ont paru donner tout au moins un intérêt d'actualité.

J. S.

LA
LÉGISLATION

EN VIGUEUR

SUR LES

EAUX MINÉRALES

Recueillie et Coordonnée

PAR

J. SABADEL,
CHEF DE DIVISION A LA PRÉFECTURE DE L'HÉRAULT.

MONTPELLIER,
RICARD FRÈRES, IMPRIMEURS DE LA PRÉFECTURE,
PLAN D'ENCIVADE, 4.

1865.

LA
LÉGISLATION

SUR LES

EAUX MINÉRALES.

1ʳᵉ PARTIE.

ANALYSE HISTORIQUE DES ANCIENS ET DES NOUVEAUX RÈGLEMENTS.

CHAPITRE Iᵉʳ.
La Législation sous l'ancienne Monarchie.

La législation sur les eaux minérales prend naissance dans un édit de Henri IV, du mois de Mai 1605, dans des lettres patentes du 19 Août 1709, et dans une déclaration royale de Décembre 1715 ; viennent ensuite, sous l'ancienne Monarchie, une seconde déclaration du Roi du 25 Avril 1772, deux arrêts du Conseil des 1ᵉʳ Avril 1774 et 12 Mai 1775, d'autres lettres patentes du roi Louis XVI, en date d'Août 1778, confirmées par une déclaration royale du 26 Mai 1780, et enfin un troisième arrêt du Conseil du 5 Mai 1781.

L'édit du mois de Mai 1605, les lettres patentes du
19 Août 1709 et la déclaration royale de Décembre 1715
ne se trouvent pas dans les anciens recueils des lois (1).
Ils paraissent avoir eu pour objet principal la réunion
à la charge de premier Médecin du Roi, de la Surintendance générale des eaux minérales et médicinales du
Royaume, et il ne ressort pas des actes postérieurs,
qu'ils aient renfermé des dispositions essentielles à
connaître.

Les premières prescriptions réglementaires de cette
intéressante matière ont été, en effet, édictées par la
déclaration royale du 25 Avril 1772, « portant établisse-
» ment d'une Commission royale de médecine pour
» l'examen des remèdes particuliers et la distribution des
» eaux minérales. »

« Les inconvénients trop multipliés, dit le Roi, dans
le préambule de sa déclaration du 25 Avril 1772, qui
résultaient, au grand détriment de nos sujets, de la
témérité avec laquelle un nombre considérable de particuliers, sans titres ni qualités, dispensent au hasard,
dans toute espèce de maladie, de remèdes prétendus
spécifiques; inconvénients d'autant plus funestes, que l'in-

(1) Ils n'existent pas non plus dans les Archives départementales de l'Hérault, ni dans celles de la ville de Montpellier, les unes et les autres si riches et si bien tenues.

térêt de ceux qui les distribuent, en inspirant une confiance aveugle, est d'éviter les secours que les malades pourraient tirer des Maîtres de l'art, nous ont déterminé à arrêter les progrès de ces entreprises par un règlement qui ne *laissât rien à désirer,* soit pour constater d'une manière certaine l'efficacité des remèdes particuliers qui pourraient être découverts et en faire l'usage, soit pour proscrire ceux dont les effets pourraient être dangereux ; et COMME LE COMMERCE DES EAUX MINÉRALES nous a paru susceptible *des mêmes attentions,* nous avons cru qu'il était de notre devoir d'établir, sur la distribution de ces eaux, des règles capables de prévenir les fraudes qui pourraient se commettre sur la qualité et sur le prix d'un remède aussi efficace. »

En conséquence, le Roi, après avoir prononcé l'interdiction de distribuer des remèdes prétendus spécifiques et autres, sans une autorisation du Bureau établi à cet effet sous le titre de *Commission royale de médecine,* et composé des sommités médicales du royaume, ainsi que de quatre « apothicaires, parmi » lesquels figurait le premier garde-apothicaire de Paris; » après avoir déterminé l'organisation de cette Commission et ses attributions, le Roi juge à propos d'attribuer la surintendance et l'inspection générale dudit commerce des eaux minérales au Bureau de la Commission royale de médecine, établi par cette déclaration;

et il accorde à la Commission « le droit de commettre,
» par adjudication, dans toute l'étendue du Royaume,
» telles personnes qu'elle avisera bon être pour leur dis-
» tribution. Il interdit à tous autres le même droit, sans
» préjudice néanmoins du droit de propriété des bains,
» sources et fontaines desdites eaux minérales, apparte-
» nant aux propriétaires du fonds où lesdites sources et
» fontaines sont situées, et qui en sont en possession,
» à l'égard desquels le Roi n'entend rien innover. »

Les particuliers conservent, au surplus, la liberté de
se procurer directement les eaux minérales pour leur
usage personnel.

« La Commission, ajoutait la déclaration du Roi,
tiendra un registre exact de la quantité desdites eaux
qui arriveront à Paris, soit des différentes provinces de
notre Royaume, soit des pays étrangers ; et, à cet effet,
il sera, par Nous, nommé deux de ses membres, choisis
parmi les Médecins, pour assister à la décharge des
voitures, ouverture des caisses et vérifications de la qualité desdites eaux, dont il sera dressé procès-verbal,
duquel extrait sera attaché à chacune des bouteilles
auxquelles sera, de plus, apposé le cachet de la Commission ; et le tarif du prix de chacune desdites eaux
sera affiché dans chaque bureau de distribution ; Nous
réservant pareillement de nommer l'un des apothicaires
de la Commission pour faire l'analyse desdites eaux,
en cas de besoin. »

Comme moyen de contrôle, le Roi prescrivait la tenue d'un autre registre par la personne chargée de la vente des eaux. Ce registre devait contenir, par ordre de date, les noms, *surnoms*, qualités et demeure de ceux à qui elles étaient destinées; la date du jour où elles étaient vendues devait être également marquée sur les bouteilles, à mesure qu'elles sortaient du dépôt, où lesdits Commissaires avaient mandat de se transporter autant de fois qu'ils le jugeraient nécessaire : « pour »examiner l'état des eaux, rejeter celles qui seraient »très-anciennes ou qui auraient autrement dégénéré de »leur première qualité. »

De semblables précautions devaient être prises par la Commission pour établir la même police dans les autres villes du Royaume où se ferait la même distribution ; « et pour la nomination des médecins et chirurgiens »nécessaires à la visite et aux soins des sources, fon- »taines et dépôts desdites eaux dans les provinces.» Le Roi se réservait néanmoins de confirmer lesdites no- minations par des brevets.

Une autre disposition importante faisait l'objet de l'article 23 de la même déclaration royale du 25 Avril 1772. Par cet article, le Roi se réservait de « commettre »spécialement, par brevets, trois des Commissaires »dudit Bureau, pour veiller, en qualité d'Inspecteurs »généraux des eaux minérales, sur toutes lesdites eaux

» déjà connues ; faire les nouvelles recherches nécessaires
» pour en découvrir de nouvelles ; *s'il y a lieu*, en
» faire l'analyse pour en déterminer les vertus et les
» propriétés ; en donner le précis au public, après tou-
» tefois en avoir fait le rapport à la Commission, et que
» le tout y aurait été examiné et approuvé. »

La déclaration royale du 25 Avril 1772 portait ainsi
retrait du titre de Surintendant des eaux minérales donné
au premier médecin du Roi par les lettres patentes du
19 Août 1709, et octroi de ses attributions au Bureau
de la Commission royale instituée par la même déclaration.

Les autres dispositions de cette déclaration avaient pour
objet la sincérité du commerce des eaux. Les mesures
prescrites à cet égard ont été le point de départ de celles
qui régissent encore cette intéressante matière, ainsi
qu'on le verra dans la suite.

Elles prouvent, d'ailleurs, qu'à cette époque la sollicitude de l'Autorité souveraine était sérieusement éveillée
sur les inconvénients qui pouvaient résulter d'un défaut
de surveillance dans la vente et l'administration des eaux
minérales.

En notifiant ce règlement aux intendants des provinces, par une circulaire du 30 Septembre 1772, le
duc de LA VRILLIÈRE s'exprimait en ces termes :

« ..... Comme Sa Majesté désire que tous ses sujets

jouissent le plus promptement que faire se pourra du bien qui doit résulter de cet établissement (la Commission royale), je vous prie, Monsieur, de me mettre d'avance à portée de procurer à la Commission tous les renseignements dont elle a besoin sur ces eaux minérales pour pouvoir diriger ses opérations. Vous voudrez bien, en conséquence, m'envoyer un état des bains, sources ou fontaines d'eaux minérales de votre Généralité, en me mandant quels en sont les propriétaires, et ajouter, par forme d'observation, quel degré de confiance le public leur donne, quels sont les médecins ou autres gardes qui sont chargés d'en prendre soin. »

Malgré les sages mesures adoptées par l'Autorité souveraine pour mettre un terme aux abus qui avaient dû se produire dans le commerce des eaux minérales, une porte resta ouverte à la fraude.

A la faveur de la disposition qui laissait la liberté « à tout particulier de se procurer directement lesdites eaux pour son usage personnel », plusieurs industriels firent venir des eaux minérales pour leur soi-disant usage, et se mirent à en faire le commerce d'une manière clandestine, et par conséquent sans soumettre leurs marchandises au contrôle et à l'inspection qui venaient d'être établis.

Le Gouvernement, instruit de ces abus, s'empressa

d'édicter les nouvelles mesures qu'il crut propres à y mettre un terme. A cet effet intervint, le 1er Avril 1774, un arrêt du Conseil par lequel le Roi, « considérant que les eaux qui viennent pour le compte des particuliers n'étant point visitées à leur arrivée, ceux qui les achètent ne peuvent jamais être assurés de leur véritable qualité ; *ordonne* que les voituriers qui conduisent, tant par terre que par eau, des eaux minérales, seront tenus, avant leur départ, de se munir, auprès de l'Intendant ou Garde desdites eaux, et en leur absence auprès du juge du lieu, d'un certificat faisant mention de la quantité et de la qualité des eaux à eux confiées, du jour où elles auront été puisées, et du lieu où ils se proposeront de les transporter. »

Ces certificats devaient être délivrés sans frais et à la première réquisition.

A l'arrivée, soit à Paris, soit dans les autres villes « et lieux » où il existait des Bureaux de distribution, les eaux devaient être conduites directement à ces Bureaux pour y être « visitées et dégustées » dans les vingt-quatre heures, et sans frais, par les inspecteurs desdits Bureaux, lesquels devaient se faire représenter le certificat de départ.

Enfin, et pour ne négliger aucune précaution, les eaux ne devaient point être conduites à leur adresse, sans qu'au préalable le destinataire eût déclaré qu'il les

avait fait venir pour son usage ou celui de sa maison,
« le tout à peine de confiscation et de 50 livres d'amende
pour chaque contravention. »

Un an s'était à peine écoulé, que le Pouvoir souverain
avait à ajouter de nouvelles prescriptions à celles qui
précèdent, et à sévir contre une infraction des plus sensibles à l'arrêt du 1er Avril 1774.

Un sieur THOUVENEL, *censitaire* des eaux de Bonamy,
ayant fait conduire trois caisses contenant un grand
nombre de bouteilles desdites eaux, sans que le voiturier fût nanti du certificat exigé, et sans que les eaux
eussent été amenées préalablement au Bureau de la ville,
la dame Louise POIREL, commise à la direction des
eaux minérales de Remiremont, fit saisir les eaux ainsi
transportées en fraude.

Le sieur THOUVENEL, tant en son nom qu'en celui du
voiturier, demanda au bailliage de la ville main-levée de la
saisie, en déclarant que les eaux étaient pour son usage.

Sur cette déclaration, il intervint une sentence par
laquelle il fut fait main-levée de la saisie, et qui con-
damna la dame Louise POIREL à *dix francs barrois* de
dommages-intérêts et aux dépens.

Un arrêt du Conseil, du 12 Mai 1775, vint aussitôt
annuler ce jugement « injuste et irrégulier », attendu,
est-il dit dans cet arrêt, « que le droit de propriété ne
» s'étend point au-delà de la source où les propriétaires

» ont le droit de vendre leurs eaux, mais que partout
» ailleurs ils sont, comme tout autre particulier, assu-
» jettis audit commerce... »

En conséquence, « le Roi, étant en son Conseil d'État,
ordonne que sa déclaration du 25 Avril 1772 et son
arrêt du 1er Avril 1774 seront exécutés selon leur forme
et teneur, et même à l'égard des propriétaires, fermiers, censitaires et tous autres prétendant droit à la
propriété ou jouissance des sources d'eaux minérales, à
quelque titre que ce soit. »

Et attendu que le sieur THOUVENEL et son voiturier
ont contrevenu aux dispositions des actes sus-men-
tionnés, le Roi casse et annule « la sentence rendue
par le juge du bailliage de Remiremont, le 21 Mars
précédent, *lui fait défense d'en rendre de pareilles à
l'avenir....*, déclare bonne et valable la saisie des trois
caisses....., lesquelles sont confisquées au profit de la
dame veuve BLAISE....; condamne le sieur THOUVENEL à
rendre et restituer à ladite veuve BLAISE la somme de
10 francs barrois qu'elle a été condamnée à lui payer
par ladite sentence, etc..... »

La sollicitude incessante de l'Autorité devait avoir
d'autres et de plus efficaces résultats que ceux qui viennent d'être exposés.

Par des lettres patentes du mois d'Août 1778, le

Roi, convaincu des avantages qu'offrirait « la forma-
» tion d'une Compagnie particulière de personnes
» savantes et recommandables, qui, prises dans le sein
» des Académies et des Universités du Royaume, ne pour-
» ront, par leurs propres talents, par leurs conférences
» entre elles et par une correspondance suivie avec les
» physiciens les plus célèbres, que diriger leurs travaux
» et leurs découvertes vers le bien public, » se détermine
à établir une Société de médecine « sous sa protection
» royale. »

Cette Société, dont lesdites lettres patentes donnent
la composition, indiquent les travaux et déterminent les
fonctions, reçoit, entre autres missions, celle d'examiner les remèdes spécifiques et autres, de quelque
espèce qu'ils puissent être, et pour la vérification desquels le roi Louis XV « avait cru nécessaire d'établir
» une Commission particulière par la déclaration du 25
» Avril 1772. »

Et comme le Roi « a également reconnu que, pour
publier avec discernement la propriété des eaux *minérales* et *médicinales*, qui sont en grand nombre dans le
Royaume, il était intéressant de soumettre cet objet aux
observations de la même Société, Sa Majesté confirme
les lettres patentes du 19 Août 1709, et icelles interpré-
tant et expliquant en tant que de besoin, ordonne que
tout ce qui concerne la *distribution des eaux minérales*

et *médicinales*....... sera soumis à l'examen de ladite Société. »

Le Roi déclare en même temps que son premier médecin « continuera de se dire et qualifier Surintendant (révoquant en cela la déclaration royale du 25 Avril 1772) » des eaux minérales et médicinales; de nommer les in- » tendants particuliers de ces eaux, etc.... »

Enfin, par une nouvelle déclaration du 26 Mai 1780, le Roi, « pour que sa volonté à cet égard soit connue de » tous les sujets prétendus de son royaume », rappelle et confirme les dispositions contenues dans les lettres patentes précitées, du mois d'Août 1778.

La Société royale de Médecine, ainsi constituée, s'occupa, sans doute, activement de remplir à tous les points de vue les intentions du Souverain ; car, dès le 5 Mai 1781, le Roi pouvait, par un nouvel arrêt du Conseil, réunir et coordonner les dispositions déjà en vigueur sur les eaux minérales, et y ajouter celles dont l'expérience ou de nouveaux besoins avaient fait ressortir l'opportunité.

L'arrêt du Conseil du 5 Mai 1781 a été pendant long-temps le code de cette intéressante matière, la plupart de ses dispositions ayant été reproduites dans les actes législatifs ou réglementaires qui l'ont suivi à travers les profondes modifications que les événements politiques ont à plusieurs reprises apportées dans les institutions du Pays.

Aujourd'hui encore, le décret du 28 Janvier 1860, rendu pour l'exécution de la loi du 14 Juillet 1856 sur la conservation des sources d'eaux minérales, déclare maintenir en vigueur les dispositions *non abrogées* de l'ordonnance royale du 18 Juin 1823, qui a reproduit en grande partie les dispositions de l'arrêté du 3 Floréal an VII, lequel avait lui-même été calqué, pour ainsi dire, sur l'arrêt du 5 Mai 1781.

Aux termes de cet arrêt, le premier médecin du Roi avait mission, conformément à l'article 12 des lettres patentes d'Août 1778, de nommer les intendants des eaux minérales dans les provinces.

Ces intendants « CHOISIS PARMI LES MÉDECINS LES »PLUS HABILES, » étaient soumis à l'inspection du médecin du Roi, et leurs travaux placés sous les yeux de la Société de médecine. Ils recevaient un brevet royal, et leur nomination était communiquée par l'intendant à la Société : « afin qu'il y eût, dans le Bureau »de cette Compagnie, un état des médecins chargés »du soin des eaux minérales dans les provinces. »

Les intendants rendaient compte, chaque année, au Surintendant et à la Société, de l'état des sources minérales ; ils veillaient à leur entretien, à leur propreté et à leur conservation.

2

Prévenus par les malades, les intendants indiquaient à chacun d'eux l'heure à laquelle les eaux leur seraient administrées.

Les douches et autres opérations propres à favoriser le succès des eaux minérales devaient être dirigées par les intendants, en présence toutefois des médecins ordinaires des malades, si ceux-ci le désiraient.

Les baigneurs et les autres gens de service étaient choisis et nommés par les intendants.

Ceux-ci tenaient et envoyaient, tous les ans, à la Société de médecine, qui en faisait part au Surintendant, un état exact des traitements suivis et de leurs résultats.

Les eaux « destinées à quelque envoi » devaient être puisées en présence de l'intendant, qui indiquait l'heure du jour la plus convenable, et certifiait sa présence par écrit.

Dès que les bouteilles étaient bouchées, l'intendant devait y apposer l'empreinte d'un cachet fourni par la Société royale de médecine. Les inspecteurs chargés de vérifier l'état des bouteilles, soit à Paris, soit dans les provinces, étaient munis d'un cachet semblable.

Lorsque les eaux étaient expédiées à Paris ou dans les provinces, pour être distribuées dans les Bureaux ou pour l'usage des particuliers, la Société était instruite, par les intendants, du jour où elles avaient été puisées et du jour où elles devaient arriver.

Le Directeur du Bureau des eaux minérales à Paris était tenu d'avertir la Société des eaux qu'il recevait, afin qu'avant l'ouverture des caisses, celle-ci pût députer des commissaires pour en faire l'examen.

Ces commissaires, au nombre de deux, étaient annuellement élus au scrutin dans la première assemblée du mois de Janvier.

Ceux-ci examinaient les eaux qui arrivaient et celles qui existaient déjà dans les Bureaux, afin de s'assurer si elles étaient en état d'être livrées au public. Dans le cas où elles étaient altérées, les commissaires devaient les faire jeter, après en avoir prévenu la Société qui ajoutait un ou plusieurs commissaires à ceux déjà nommés.

Les commissaires chargés de l'examen des eaux minérales procédaient, au moins une fois chaque année, à l'examen de toutes les bouteilles déposées au Bureau de Paris.

Le Directeur de ce Bureau tenait un compte des bouteilles qu'il recevait et de celles qu'il vendait.

Dans les provinces, les Bureaux de distribution des eaux minérales étaient soumis à la même vérification, et celle-ci devait être exercée par des inspecteurs commis par la Société royale de médecine.

Lorsque les circonstances l'exigeaient, un ou plusieurs commissaires étaient envoyés dans les lieux où étaient les sources d'eaux minérales, soit pour en faire l'analyse, soit pour examiner la manière dont elles étaient administrées. Ces commissaires devaient être nommés au scrutin, et leurs noms étaient présentés au Roi qui les nommait et leur donnait les pouvoirs nécessaires. Le Roi supprimait, en conséquence, la place d'inspecteur d'eaux minérales d'une province ou d'un canton : « l'intention de Sa Majesté étant qu'il n'y eût » de commissaires chargés des fonctions relatives à l'ad- » ministration desdites eaux que les intendants des eaux » minérales et les inspecteurs des Bureaux où elles se » distribuent. »

Le propriétaire qui découvrait une source d'eaux minérales ou médicinales dans son terrain était tenu d'en instruire la Société pour qu'elle en fît l'examen et en permit ou prohibât ensuite la distribution, suivant le cas.

Les propriétaires des eaux minérales approuvées par la Société ne pouvaient les vendre eux-mêmes *qu'à la source*, au prix qui avait été fixé par elle.

Aucun *apothicaire*, aucune communauté ou maison religieuse, ne pouvait, en aucun temps, et à moins d'une permission accordée sur des motifs bien spécifiés, faire venir des eaux minérales pour en faire le commerce. En cas de fraude, l'envoi était saisi, et la personne à qui il était destiné était condamnée à une amende de 1,000 livres au moins.

Mais tout particulier, « de quelque état et condition « qu'il fût », pouvait faire venir, par la voie qui lui convenait le mieux, toutes les eaux minérales dont il avait besoin pour sa santé, à charge d'en écrire à l'intendant de la source, en lui certifiant que l'eau était destinée à l'usage du demandeur.

L'intendant devait faire l'envoi en toute hâte, conserver soigneusement la lettre, et en instruire sur-le-champ le Surintendant et la Société.

Les questions relatives à la taxe des eaux, à la nomination des inspecteurs et directeurs des Bureaux et à la distribution des eaux minérales, devaient être traitées dans un Comité composé du Surintendant, des officiers de la Société, du trésorier et des deux commissaires pour le Bureau de Paris; ce Comité en référait à la Société assemblée.

Les revenus étaient perçus par le trésorier de la Société qui en rendait compte au Comité et à la Société assemblée.

Enfin les plaintes des particuliers sur les divers points de l'administration des eaux minérales étaient déférées à la Société royale de médecine.

Tel était l'état de la législation sur les eaux minérales, lorsque survint la Révolution de 1789.

Suffisante et bien entendue en ce qui touchait l'emploi

et le commerce des eaux, cette législation était tout-à-
fait muette sur les questions pourtant si intéressantes
qui se rattachent à la recherche, à la conservation et à
l'aménagement des sources.

Que faut-il penser de ce silence? Doit-il être attribué
aux difficultés du sujet? Cela n'est pas à présumer ; les
mesures tout-à-fait exceptionnelles prises à la même
époque, dans l'intérêt des établissements thermaux de
Balaruc et de Baréges, prouveraient surabondamment
que l'Autorité n'était nullement embarrassée lorsqu'il
s'agissait d'assurer la conservation des eaux qui, par
leurs vertus, lui paraissaient réclamer une protection
spéciale.

On sait, en effet, que trois arrêts du Conseil, en date
des 29 Janvier, 14 Décembre 1715 et 11 Mars 1783,
confirmés par un décret impérial en date du 7 Octobre
1807, ont assigné, à l'établissement thermal de Balaruc
(Hérault), un périmètre de protection dans les limites
duquel aucun travail ne peut être effectué sans l'autorisation du Préfet du département, et qu'une protection
plus grande encore a été accordée à l'établissement
thermal de Baréges (Hautes-Pyrénées), par un arrêt
du Conseil du 6 Mai 1732, confirmé aussi par un décret
impérial de Prairial an XII, interdisant de faire aucune
construction nouvelle, dans la commune de Baréges,
sans l'autorisation du Préfet et hors l'alignement fixé

par lui; d'arroser les prés et de couper les arbres situés au-dessus du village, etc.

Ces actes motivés, pour Balaruc, sur la réputation des eaux et sur ce que les malades indigents et les soldats blessés au service de la Patrie y reçoivent, à titre gratuit, les soins qui leur sont nécessaires, et pour Baréges, sur « l'efficacité des eaux pour les blessures » et une infinité d'autres maladies, » ainsi que sur la convenance « d'y faire un établissement pour les officiers et soldats malades, blessés ou estropiés ; » ces actes, qui paraissent, d'ailleurs, être intervenus sans aucune enquête préalable, témoignent évidemment, comme il a été déjà observé ci-dessus, que l'Autorité Souveraine dont ils émanent n'éprouvait pas les mêmes hésitations qu'a éprouvées plus tard le législateur, ainsi qu'on le verra plus loin, pour grever, d'une des plus onéreuses servitudes qui existent, les propriétes voisines des sources d'eaux minérales (1).

Il faut donc croire que si les mesures de cet ordre ne se sont pas généralisées alors, c'est que peu de sources d'eaux minérales présentaient, à cette époque, le

---

(1) Voir, annexe A, le texte de ces documents, qu'il paraît utile de reproduire, ne serait-ce que dans un intérêt historique.

caractère d'intérêt public qu'offrent aujourd'hui le plus grand nombre de celles qui jaillissent sur tous les points du territoire.

Quoi qu'il en soit du silence de la loi sur ce sujet important, la lacune existait et ne devait être comblée que bien des années après, par la loi du 14 Juillet 1856.

CHAPITRE II.

La Législation pendant la période républicaine.

Pendant la période républicaine , la législation sur les eaux minérales ne fait pas de sensibles progrès.

Le *Bulletin des lois* enregistre d'abord un arrêté du Directoire exécutif, du 25 Vendémiaire an VI, qui transmet les attributions de *l'Intendant général* des eaux minérales aux Administrations municipales du canton , sous l'autorité des Administrations départementales ; place le service dans les attributions du Ministre de l'Intérieur , et décide que :

« Les militaires blessés au service de la Patrie et les • indigents munis de certificats des Autorités qui les » auront adressés, constatant les blessures ou infirmités, » recevront gratuitement le secours des eaux minérales. »

Cette dernière disposition a été maintenue en vigueur par l'article 11 de l'arrêté des Consuls du 6 Nivôse an XI, qu'aucun acte postérieur n'a abrogé.

Toutefois la légalité de cette mesure qui grève d'une obligation, en apparence onéreuse, les sources apparte- nant aux particuliers , a été contestée. On s'est demandé

3

en vertu de quel principe le Gouvernement aurait le droit
d'obliger un propriétaire à livrer gratuitement à une
certaine catégorie de malades les eaux de sa source.

Plus tard, on a soutenu que le Code NAPOLÉON avait
implicitement abrogé la disposition dont il s'agit, en
édictant, par son article 544, que « la propriété est
le droit de jouir et disposer des choses de la manière
la plus absolue, pourvu qu'on n'en fasse pas un usage
prohibé par la loi ou par les règlements; » et, par son
article 641, que « celui qui a une source dans son fonds
peut en user à sa volonté..... »

Dans l'intérêt de la loi précitée, il a été répondu,
au contraire, qu'ainsi que le porte le préambule même
de l'arrêté du 23 Vendémiaire an VI, « les eaux mi-
» nérales étant un don de la nature, elles appartiennent
» à tous, et font partie des ressources publiques. » Qu'au
surplus, en cas de doute, la loi doit être interprétée
dans le sens le plus conforme à la charité publique.

L'on ne peut, en effet, qu'applaudir au maintien
d'une disposition légale qui vient efficacement en aide à
l'humanité, en mettant à la portée des malades indigents
un moyen de guérison ou de soulagement qui, à défaut,
constituerait une sorte de privilége en faveur de la
fortune.

Une telle interprétation est d'autant plus recomman-
dable, qu'en définitive, elle n'emporte aucun préjudice

réel pour les propriétaires des sources. Ceux-ci obtiennent aisément, en effet, de l'Administration, la sanction de toutes les mesures d'ordre intérieur *jugées nécessaires* pour empêcher que le service des indigents ne soit une cause de gêne pour le public, c'est-à dire pour les personnes qui fréquentent l'établissement, en se soumettant aux taxes du tarif (1).

Il resterait, d'ailleurs, à examiner si l'Administration qui accorde l'autorisation d'exploiter les sources, qui donne au besoin les moyens de les protéger contre les entreprises qui pourraient en compromettre la pureté ou l'intégrité, n'est pas en droit de mettre à la jouis-sance des avantages qu'elle procure ainsi aux proprié-taires, une condition dans le sens de celle qui a été inscrite dans l'arrêté de Vendémiaire, et à laquelle sans doute personne, en France, n'a songé à se soustraire.

Les graves modifications qui s'accomplirent à cette époque, soit dans les institutions, soit dans l'état moral et matériel du Pays, avaient fait oublier ou tomber en désuétude la plupart des anciens règlements.

---

(1) Il suffit, en effet, d'assigner aux indigents des heures, et, au besoin, des époques particulières, pour faire dis-paraître tout inconvénient dans le service et tout préjudice pour l'établissement.

De nombreuses réclamations s'étant élevées à ce sujet, notamment en ce qui concernait, paraît-il, les sources d'eaux minérales, le Gouvernement « sentit la » nécessité de s'occuper de cette partie importante des » secours publics. »

En conséquence, et après avoir consulté l'École de médecine de Paris, le Directoire exécutif rendit, à la date du 29 Floréal an VII, un arrêté dans lequel se trouvent reproduites, presque dans toute leur intégrité, les dispositions de l'arrêt du Conseil du 5 Mai 1781, sauf les modifications résultant des changements survenus dans la forme du Gouvernement.

Ces modifications, d'ailleurs, déjà effectuées en partie par l'arrêté du 23 Vendémiaire an VI, avaient principalement pour objet la substitution des Administrations municipales du canton et des Administrations départementales à la Société royale de médecine, et du Ministre de l'Intérieur au Surintendant des eaux minérales.

Le fond restait le même, la forme seule était changée.

Cependant l'article 6 complétait l'article 4 de l'arrêté du 23 Vendémiaire an VI, en disposant que les dépenses et frais de route des indigents admis à la gratuité des eaux, seraient à la charge des communes qui les auraient envoyés, comme objet de dépenses communales.

Et l'article 7 prescrivait une nouvelle fixation du prix des eaux minérales.

« Le Gouvernement sait, disait le Ministre de l'Intérieur (M. François DE NEUFCHATEL), dans une circulaire du 28 Prairial an VII, qu'il y a, sur cet objet, beaucoup d'abus et d'exactions à détruire ; il importe, en conséquence, de s'occuper, sans délai, de cette fixation.

» Elle doit être combinée de manière qu'en assurant les moyens de pourvoir à l'entretien et à l'amélioration des fontaines minérales, elle ne puisse néanmoins, *par des prix trop élevés, éloigner les citoyens qui ont besoin de recourir à ce genre de secours.* »

Enfin les sources d'eaux minérales « appartenant à la République » devaient, aux termes de l'article 18, être affermées, et leurs produits spécialement employés tant au paiement des réparations des sources et fontaines, qu'à l'amélioration de ces établissements.

Il était un point essentiel dont l'arrêté du 29 Floréal an VII ne parlait pas ; cet arrêté était muet sur les traitements à donner aux médecins-inspecteurs des eaux minérales.

Mais l'Administration ne perdait pas de vue cette question. Par sa circulaire précitée du 28 Prairial, le Ministre de l'Intérieur invitait les Administrations centrales des arrondissements où il existait des sources, à fournir leur avis sur cet objet ; et, le 3 Floréal an VIII, un arrêté des Consuls de la République comblait cette lacune, tout en déterminant les conditions de la mise en ferme des sources d'eaux minérales « appartenant à la République », prescrite en principe par l'article 18 de l'arrêté du 29 Floréal an VII.

Le nouvel arrêté renfermait, entre autres dispositions, les suivantes :

« Le produit des eaux minérales dont il s'agit sera adjugé aux enchères par les soins des Préfets ; le cahier des charges contiendra le prix des eaux, bains et douches (art. 1er).

« La durée du bail sera de trois années (art. 2).

» Le prix du bail sera payable, par trimestre et d'avance, dans la Caisse des hospices du chef-lieu de la Préfecture, pour être uniquement employé à l'entretien, à la réparation des sources, ainsi qu'au traitement des officiers de santé chargés de l'inspection des eaux ; en cas d'excédant, il en sera disposé, par le Ministre de l'Intérieur, pour les travaux et recherches nécessaires au perfectionnement de la science des eaux minérales (art. 3).

» Aucun officier de santé inspecteur des eaux minérales ou son adjoint, aucun propriétaire d'eaux minérales dans le lieu où se trouvent des eaux minérales appartenant à la République, ne pourra se rendre adjudicataire de ces eaux (art. 4). »

Les dispositions des articles 5, 6, 7 et 8 ont trait à la fixation du prix des eaux qui devait avoir lieu avant l'adjudication, à la présentation des projets des travaux à faire aux sources, et au concours des médecins-inspecteurs dans la rédaction des règlements de police et des cahiers des charges.

L'article 9 disposait ce qui suit :

« Les sources d'eaux minérales sont, quant à leur produit, divisées en trois classes :

« Première classe, celles dont le produit de location excédera 3,000 fr.

« Deuxième classe, celles dont la location excédera 2,000 fr.

« Celles dont l'adjudication sera au-dessous de 2,000 fr. seront comprises dans la troisième classe. »

Aux termes de l'article 10, les appointements des inspecteurs placés dans des établissements de 1re classe étaient fixés à 1,000 fr.; ceux des inspecteurs chargés d'établissements de 2me classe à 800 fr.; les inspecteurs des sources de 3me classe recevaient la moitié du prix du bail, sans que ce traitement pût excéder 600 fr.

Les uns et les autres devaient donner gratuitement leurs soins aux indigents.

L'article 11 maintenait en vigueur les articles de l'arrêté du Directoire exécutif du 29 Floréal an VII, qui *n'étaient pas contraires* à ces nouvelles dispositions.

Ainsi qu'on vient de le voir, l'arrêté du 3 Floréal an VIII ne parlait que des sources appartenant à l'État. Plusieurs communes qui prétendaient à la propriété des sources qui jaillissaient sur leur territoire, élevèrent, sur la forme d'administration qu'elles devaient suivre, des difficultés qui, d'après une circulaire du Ministre de l'Intérieur, en date du 29 Prairial an XI, empêchaient, d'un côté, que les sources ne fussent entretenues, réparées ou améliorées, et, de l'autre, que les inspecteurs nommés par le Gouvernement ne reçussent le traitement qui leur était dû.

Le Gouvernement pensa alors, suivant la même circulaire, « que les sources minérales, *quels qu'en fussent les propriétaires,* intéressaient trop essentiellement l'humanité pour ne pas en soumettre la police à des règles qui pussent en assurer les avantages, et qu'en général, il ne fallait négliger aucun des moyens propres à créer de nouvelles branches de revenus, ou à améliorer les ressources existantes. »

Tel fut le but de l'arrêté des Consuls de la République du 6 Nivôse an XI (27 Décembre 1802).

Les cinq premiers articles de cet arrêté établissent en principe que les produits des eaux minérales appartenant aux communes seront affermés, et déterminent comment il sera procédé à l'adjudication des baux et aux réparations, constructions et améliorations dont les sources seront susceptibles; ils établissent également en principe que là où les eaux ne seront pas tarifées, elles doivent l'être dans les formes prescrites pour les sources nationales.

Les art. 6 et 7 consacrent, pour les sources appartenant aux communes, le principe en vigueur pour celles qui appartiennent à l'État, à savoir : que les produits des eaux doivent être spécialement réservés pour l'entretien, les réparations et les améliorations des sources, bains et établissements en dépendant, ainsi que pour le paiement des officiers de santé chargés de leur inspection; l'excédant seul des produits peut être versé dans les Caisses municipales, pour les sources communales, ou dans la Caisse d'amortissement, pour celles qui sont la propriété de l'État.

« Vous reconnaîtrez, par ces dispositions, disait le Ministre de l'Intérieur, dans sa circulaire déjà citée du 29 Prairial an XI, que l'intention formelle du Gouvernement est que toutes les dépenses qui peuvent influer sur l'amélioration des sources soient effectuées sur des fonds qui ne puissent être distraits pour d'autres services. »

Les officiers de santé pour le service des sources communales devaient, aux termes de l'art. 8, être nommés dans les formes déterminées par l'art. 2 de l'arrêté du 23 Vendémiaire an VI, et leur traitement être réglé

. d'après les bases fixées par les art. 9 et 10 de l'arrêté
du 3 Floréal an VIII.

Et pour que les contestations qui paraissaient, sans
doute, devoir s'élever entre les communes et la République, au sujet de la propriété de certaines sources,
pussent être plus promptement jugées, l'art. 9 disposait
que ces questions seraient décidées par le Conseil de
Préfecture, le Directeur des Domaines entendu, et *sauf
confirmation du Gouvernement.*

On verra, plus loin, que cette disposition exorbitante
et entièrement contraire aux principes de notre droit
public, a été abrogée par la loi du 14 Juillet 1856.

L'article 10 de l'arrêté de Nivôse an XI renfermait
une disposition importante en ce qui touche les sources
d'eaux minérales appartenant aux particuliers, dont il
n'avait été que fort peu question jusqu'alors.

Aux termes de cet article encore en vigueur, les propriétaires des sources d'eaux minérales « sont tenus de
se conformer aux règlements de police des eaux minérales, et de pourvoir, sur le produit de ces eaux, au
paiement de l'officier de santé que le Gouvernement
jugera nécessaire de commettre pour leur inspection. »

On avait pu soutenir jusqu'à ce moment que les
diverses dispositions contenues dans les arrêtés des
23 Vendémiaire an VI, 27 Floréal an VII et 3 Floréal
an VIII, ne s'appliquaient pas aux sources appartenant

aux particuliers, mais seulement à celles de l'État et des communes. La disposition qui vient d'être reproduite faisait cesser tout doute à cet égard.

En disposant que les particuliers étaient tenus de se conformer aux règlements de police sur les eaux minérales, l'arrêté de Nivôse maintenait notamment en vigueur, pour les sources possédées à titre privé, comme pour celles qui appartenaient à l'État ou aux communes, cette disposition essentiellement charitable de l'arrêté de Vendémiaire an VI, qui admettait les indigents et les soldats blessés au service de la Patrie, à l'usage gratuit des eaux minérales.

Le même article 10 de l'arrêté de Nivôse ajoutait : « ils (les propriétaires des sources) sont pareillement tenus de faire approuver par le Préfet le tarif des prix de leurs eaux, sauf le recours au Gouvernement en cas de contestation. »

Cette disposition, que l'ordonnance du 18 Juin 1823 est venue atténuer, et que le décret impérial du 28 Janvier 1860 a plus tard abrogée, gênait, il est vrai, la liberté que doit avoir tout propriétaire de disposer de sa *chose*, aux conditions qu'il juge convenable d'y mettre. Mais elle avait, ainsi qu'on le saisira facilement, des avantages qui compensaient largement les inconvénients qu'on a voulu faire cesser depuis. Elle permettait d'empêcher que, par des prix exhorbitants et par des préférences personnelles plus ou moins calculées dans l'application des tarifs, l'usage des eaux minérales ne fût rendu impossible aux classes moyennes de la société, ni plus onéreux pour certaines personnes que pour certaines autres, ainsi que cela arrive fréquemment aujourd'hui. On ne peut, en effet, empêcher un propriétaire ou un fermier de n'exiger d'un baigneur qu'une rémunération inférieure à celle qu'il demandera ensuite à un autre. Il lui suffit, dès lors, d'établir à sa volonté un tarif élevé, pour pouvoir faire, dans la limite des prix ainsi arrêtés, telles faveurs que ses sympathies ou son intérêt lui conseilleront.

Il est à observer, quant au droit qu'aurait l'Administration de fixer les prix des eaux minérales, qu'il ne saurait être sérieusement contesté ; il est évident que ces eaux ne sont pas une propriété ordinaire, du moment où elles ne peuvent être vendues ou livrées qu'avec une autorisation du Gouvernement.

En effet, pourquoi cette autorisation est-elle exigée ? Pourquoi accorde-t-on ensuite, aux établissements thermaux, des priviléges considérables, même au détriment des propriétés voisines ? Ce n'est évidemment que pour donner satisfaction à de puissants intérêts publics. Dès lors, est-il rationnel et juridique de permettre qu'après avoir été, de la part de l'Autorité qui a la sauvegarde de ces intérêts, l'objet d'une protection tout exceptionnelle, un propriétaire puisse user et abuser de sa source comme il l'entend, au point d'accorder ou de refuser à qui bon lui semble l'usage de ses eaux ? Évidemment non !

C'est pourtant ce qui a lieu sous l'empire de la disposition légale dont il est question, au grand préjudice de la justice et des principes d'égalité qui nous régissent.

En résumé, pendant la période républicaine, la législation des eaux minérales ne subit aucune modification importante. Elle se compléta toutefois de quelques dispositions nouvelles, toutes d'une utilité réelle, et dont plusieurs se recommandent par les sentiments généreux qui les ont dictées : entre autres celles qui avaient pour objet d'assurer l'usage gratuit des eaux aux indigents et une tarification plus libérale des prix.

Il eût été à désirer que l'arrêté de Nivôse an XI, qui venait clore la série des améliorations dont le sujet avait paru susceptible à cette époque, rappelât toutes les dispositions en vigueur. On aurait eu ainsi, dans un seul document, l'ensemble des règles sur les eaux minérales. Mais, suivant un fâcheux précédent auquel on n'a pas encore renoncé de nos jours, l'article 11 de cet arrêté était ainsi conçu :

« Seront, au surplus, observés, pour toutes les eaux

4

» minérales et pour le débit et la vente des eaux hors
» de la source, les arrêtés des 23 Vendémiaire an VI,
» 29 Floréal an VII , et 3 Floréal an VIII. »

De sorte qu'il a fallu, pendant long-temps, aller d'un
volume du Bulletin des lois à l'autre , consulter simultanément les quatre arrêtés dont il vient d'être question,
et même recourir quelquefois aux anciens règlements,
pour rechercher la lettre et l'esprit des dispositions restées
en vigueur : heureux encore de pouvoir y parvenir au
milieu de cet enchevêtrement d'articles se confirmant,
se modifiant ou s'annihilant les uns les autres.

CHAPITRE III.

La législation depuis 1802 jusqu'à nos jours.

L'usage de plus en plus répandu des eaux minérales et artificielles faisait sentir la nécessité, non de nouveaux règlements sur cette branche essentielle de la police médicale, tout ce qu'elle exigeait de précautions se trouvant depuis long-temps prévu, prescrit et sanctionné par l'expérience; mais *d'en réunir les dispositions éparses* dans divers actes de l'Autorité, de les présenter dans un même ensemble, et *de les mettre plus en harmonie, soit entre elles, soit avec tout ce qui s'y rapporte dans les autres services publics.*

C'est en ces termes que, dans une circulaire, en date du 5 Juillet 1823, le Ministre de l'Intérieur définissait l'objet et le but de l'ordonnance royale du 18 Juin précédent.

Cette ordonnance a, en effet, coordonné les dispositions des anciens règlements susceptibles d'être fructueusement appliquées, en y apportant les modifications que la nouvelle organisation gouvernementale avait rendues nécessaires, en même temps que celles que l'expérience paraissait conseiller.

Parmi ces dernières, il faut remarquer et regretter, à un point de vue essentiel, celle qui retire implicitement à l'Administration le pouvoir de fixer le prix des eaux appartenant aux particuliers, pouvoir dont elle était depuis long-temps en possession d'après les règlements en vigueur.

Une autre modification importante résultait des dispositions qui placent l'administration des eaux minérales, autres que celles des particuliers, précédemment régies comme les sources appartenant à l'État (décret du 6 Nivôse an XI), sous l'empire des règles qui régissent les différents ordres de propriétés, selon qu'elles appartiennent aux départements, aux communes ou aux institutions charitables.

Mais si les dispositions de l'ordonnance du 18 Juin 1823 étaient suffisantes pour assurer la bonne gestion des sources d'eaux minérales et la vente de ces eaux, elles ne l'étaient point pour permettre de donner aux sources les développements qu'elles pouvaient réclamer, ni pour les protéger contre les entreprises imprudentes ou malveillantes.

Les travaux à faire pour un meilleur captage ou pour un plus parfait aménagement des sources étaient impossibles hors de la propriété dont elles faisaient partie ; d'autre part, les propriétaires voisins restaient libres de fouiller, quelquefois, à de très-minimes distances des sources, et pouvaient ainsi, sans obtenir eux-mêmes les résultats qu'ils avaient en vue, compromettre l'existence de ces dernières, au grand détriment de l'intérêt privé et de la richesse générale.

Les mêmes dangers étaient à redouter de l'inexpérience ou de la témérité des propriétaires des sources.

Des entreprises regrettables de ce genre avaient eu lieu, et le Gouvernement, qui s'en était ému, à bon droit, avait fait étudier et présenter ensuite aux Chambres un projet de loi tendant à faire cesser un tel état de choses. Malheureusement ce projet de loi fut soumis à de réelles vicissitudes.

Pendant une période de plus de dix ans (de 1837 à 1847), la Chambre des Députés et la Chambre des Pairs se renvoyèrent mutuellement ce projet, sans pouvoir s'accorder sur les dispositions proposées, ni indiquer celles qui, selon ces hautes assemblées, devaient leur être préférées.

La Révolution de 1848 ayant éclaté sur ces entrefaites, plusieurs sources importantes furent l'objet d'entreprises dangereuses : à Vichy notamment, la nappe d'eau courut de grands risques d'être coupée, détournée et peut-être perdue.

Il y avait une extrême urgence ; il fallait recourir à

4

des mesures exceptionnelles et promptes. Le Gouvernement provisoire n'hésita pas, et, par un décret du 1er — 8 Mars 1848, il fixa, autour de chaque source, un périmètre d'un kilomètre de rayon, dans lequel étaient interdits des travaux déterminés.

Mais ces dispositions, toutes transitoires d'ailleurs, ne pouvaient subsister. Outre que leur légalité était contestable et contestée, elles devaient être, dans l'application, excessives ou insuffisantes : un kilomètre de rayon était trop grand pour la plupart des sources, trop réduit pour certaines autres. En outre, il pouvait se présenter des cas où des travaux autres que ceux interdits par le décret seraient de nature à affecter l'existence des sources.

La loi depuis long-temps à l'étude devenait donc de plus en plus indispensable.

Elle fut enfin présentée au Corps législatif, le 19 Mars 1855 (1), discutée et votée le 22 Mai 1856, sanctionnée par le Sénat le 5 Juillet suivant, et promulguée le 14 du même mois.

Aux termes de cette loi :

Les sources d'eaux minérales peuvent être déclarées d'intérêt public, et un périmètre de protection peut simultanément ou ultérieurement leur être assigné.

---

(1) L'exposé des motifs est au *Moniteur* du 26 Août 1855, et le rapport au *Moniteur* du 15 Mai 1856.

Ce périmètre n'est pas immuable; il peut être modifié suivant les circonstances.

Dans le périmètre de protection d'une source d'eau minérale, aucun sondage, aucun travail souterrain ne peuvent être entrepris sans une autorisation préalable.

En ce qui touche les travaux à ciel ouvert, le décret qui fixe le périmètre de protection peut exceptionnellement imposer aux propriétaires l'obligation de faire, au moins un mois à l'avance, une déclaration au Préfet.

Mais les uns et les autres de ces travaux peuvent, sur la demande du propriétaire de la source, être interdits par le Préfet, si leur résultat constaté est d'altérer ou de diminuer la source.

Le propriétaire d'une source déclarée d'intérêt public a le droit de faire, dans les terrains que comprend son périmètre, à l'exception des maisons d'habitation et des cours attenantes, tous les travaux de captage et d'aménagement nécessaires pour la conservation, la conduite et la distribution de cette source.

Ces travaux doivent être autorisés par M. le Ministre de l'Agriculture, du Commerce et des Travaux publics.

En vue de protéger les sources contre l'inexpérience de leurs propriétaires, la loi oblige ceux-ci à n'entreprendre leurs travaux de captage et d'aménagement qu'un mois après la communication de leurs projets au Préfet.

L'occupation des terrains compris dans un périmètre de protection est autorisée par un arrêté du Préfet.

Si cette occupation dure plus d'un an, ou si, après les travaux, le terrain n'est plus propre à l'usage auquel il était employé, le propriétaire peut exiger du propriétaire de la source l'acquisition du terrain occupé ou dénaturé. L'indemnité est réglée conformément à la loi du 3 Mai 1841. L'expropriation ne peut jamais être provoquée par le propriétaire de la source.

Les sources d'eaux minérales déclarées d'intérêt public peuvent être expropriées elles-mêmes par l'État, si elles sont exploitées d'une manière qui en compromette la conservation, ou si l'exploitation ne satisfait pas aux besoins de la santé publique.

Telles sont très-sommairement les dispositions importantes que renferme le titre Ier de la loi du 14 Juillet 1856.

Le titre II s'occupe des dispositions pénales ; il édicte une amende de 50 à 500 fr. contre ceux qui auront entrepris, sans autorisation ou sans déclaration préalable, des travaux dans le périmètre de protection, ou qui auront continué des travaux interdits, ou repris, avant l'expiration du délai légal, des travaux suspendus administrativement.

Une amende de 16 à 100 fr. peut être prononcée contre ceux qui contreviendront aux dispositions des règlements d'administration publique, faits en vertu de l'article 19, titre III de la loi.

Ce dernier titre renferme des dispositions générales et transitoires.

Il prescrit, pour la perception des frais d'inspection et de surveillance des établissements d'eaux minérales, un mode nouveau qui doit avoir, entre autres avantages, celui de faire que les traitements ou indemnités alloués 'x médecins-inspecteurs « leur viennent, non plus de ¨ main des propriétaires, mais de plus haut : de la main du Gouvernement. »

Il dispose que des règlements d'administration publique interviendront pour déterminer :

1° Les formes et les conditions de la déclaration d'intérêt public, de la fixation du périmètre de protection, de l'autorisation des travaux dans l'intérieur du périmètre de protection et de la constatation des faits d'altération ou de diminution des sources ;

2° L'organisation de l'inspection médicale et de la surveillance des sources et des établissements d'eaux minérales naturelles ; les bases et le mode de la répartition des frais de ce double service ;

Les conditions générales d'ordre, de police et de salubrité auxquelles tous les établissements d'eaux minérales naturelles doivent satisfaire.

La loi dont il s'agit abroge avec raison l'article 9 de

l'arrêté Consulaire du 6 Nivôse an XI, qui attribuait, mal à propos, à la justice administrative, le jugement des contestations sur la propriété des sources entre l'État et les communes.

Elle abroge aussi de la manière la plus formelle le décret du 8 Mars 1848, qui avait assigné à chaque source un périmètre de 1 kilomètre de rayon.

Il n'entre pas dans le cadre de ce modeste travail de commenter la loi du 14 Juillet 1856.

Le meilleur commentaire qu'on puisse donner de cette loi, encore nouvelle, existe d'ailleurs : il est dans le savant exposé de motifs qui accompagnait le projet de loi, dans le lumineux rapport présenté au Corps législatif, au nom de sa Commission spéciale, par le savant M. LÉLUT; enfin dans la discussion consciencieuse et éclairée qui précéda le vote de cette assemblée.

Quant aux critiques qu'elle pourrait soulever, elles ont été portées devant le Corps législatif, avec beaucoup d'autorité et de talent, par différents membres, et notamment par l'honorable M. MILLET, et il faut reconnaître que les réponses qui leur ont été faites, soit par le Rapporteur, soit par MM. les Commissaires du Gouvernement, ont démontré que les dispositions proposées étaient bien celles qui paraissaient susceptibles de concilier le mieux les intérêts sacrés de la propriété avec ceux non moins respectables qui s'attachent à la conservation et à l'amélioration des sources d'eaux minérales (1).

Les servitudes que la loi impose aux propriétés comprises dans le périmètre de protection d'une source d'eaux minérales sont sans contredit des plus graves ; mais elles paraissent, du moins jusqu'à présent, les seules propres à atteindre le but important et impérieux que le Législateur et le Gouvernement ont dû se proposer.

Les règlements d'administration publique intervenus en vertu de cette loi, et pour son exécution, sont au nombre de deux.

Le premier a fait l'objet d'un décret impérial, en date du 8 Septembre 1856 ; il détermine les formes préalables à la déclaration d'intérêt public et à la fixation du périmètre de protection, etc.; il est concis et ne prescrit que des formalités simples et faciles à remplir.

Le deuxième porte la date du 28 Janvier 1860 ; il a pour objet l'exploitation et la surveillance des sources

----

(1) Voir, annexe *B*, cette intéressante discussion dans laquelle MM. les Commissaires du Gouvernement ont eu l'occasion de justifier et de préciser certaines dispositions de la loi qui, au premier abord, pouvaient paraître excessives.

d'eaux minérales. On y trouve diverses dispositions importantes qui n'auraient pas été déplacées dans la loi elle-même. Les mesures nouvelles qu'il prescrit touchant la nomination des médecins-inspecteurs par le Ministre, le libre usage des eaux, l'abandon aux propriétaires des sources, du soin exclusif d'arrêter le tarif des eaux, le mode de répartition, entre les propriétaire ou fermiers, des frais d'inspection, ont rencontré aussi quelques critiques et des difficultés d'exécution ; il est à espérer que le temps et la pratique viendront atténuer ce que ces dispositions peuvent avoir d'imparfait, et assurer ainsi la complète réalisation des vues généreuses et libérales du Gouvernement de l'Empereur.

Ici se termine l'analyse des anciens règlements, arrêtés Consulaires, ordonnances, lois et décrets qui ont régi ou régissent les eaux minérales depuis le commencement du XVIIme siècle jusqu'à nos jours. Ce travail, si aride qu'il soit, aura peut-être quelque utilité pour ceux que la matière intéresse, particulièrement pour les administrateurs et les jurisconsultes.

Il complétera, en tous cas, le répertoire qui suit.

DE LA LÉGISLATION EN VIGUEUR SUR LES EAUX MINÉRALES.

2me PARTIE.

RÉPERTOIRE

DES DISPOSITIONS LÉGISLATIVES OU RÉGLEMENTAIRES EN VIGUEUR SUR LES EAUX MINÉRALES.

TITRE Ier.

AUTORISATION D'EXPLOITER LES SOURCES D'EAUX MINÉRALES.

Art. 1. — Toute entreprise ayant pour effet de livrer ou d'administrer au public des eaux minérales naturelles, est soumise à une autorisation préalable et à l'inspection d'hommes de l'art. (Art. 1er de l'ordonnance royale du 18 Juin 1823.)

Art. 2. — Les autorisations mentionnées en l'article précédent sont délivrées par le Ministre de l'Agriculture, du Commerce et des Travaux publics, sur l'avis des Autorités locales, accompagné de l'analyse des eaux qui en font l'objet.

Ces autorisations ne peuvent être révoquées qu'en cas

5

de résistance aux règles prescrites ou d'abus qui seraient de nature à compromettre la santé publique. (Art. 2 modifié, de l'ordonnance précitée.)

ART. 3. — L'analyse des eaux minérales naturelles à transmettre à l'Administration supérieure, à l'appui de demandes en autorisation d'exploiter, peut être suppléée par l'envoi d'un certain nombre de bouteilles de ces eaux, puisées et expédiées suivant des conditions spéciales recommandées par une instruction émanée de l'Académie de médecine, à la date du 17 Mai 1845 (1).

TITRE II.

DÉCLARATION D'INTÉRÊT PUBLIC.

ART. 4. — Les sources d'eaux minérales peuvent être déclarées *d'intérêt public*, après enquête, par un décret impérial délibéré en Conseil d'État. [Loi du 14 Juillet 1856, art. 1er (2)].

(1) Voir cette instruction, annexe C.
(2) Le projet de loi portait :
«Les sources d'eaux minérales peuvent être déclarées d'*utilité publique*, etc.»
D'accord avec le Conseil d'État, la Commission du Corps

ART. 5. — La demande, tendant à faire déclarer d'intérêt public une source d'eau minérale, doit être adressée au Préfet du département.

Cette demande est faite en deux exemplaires, dont un sur papier timbré.

Elle énonce les nom, prénoms et domicile du demandeur. (Art. 1ᵉʳ du décret impérial du 8 Septembre 1856.)

ART. 6. — La demande fait connaître l'importance du débit journalier de la source, avec les variations

---

Législatif proposa de substituer à l'expression d'*utilité publique* celle d'*intérêt public*, qui lui parut plus conforme à l'esprit de la loi présentée.

Les motifs de cette modification sont développés dans le passage suivant du rapport de M. LÉLUT :

« Les sources d'eaux minérales sont utiles *à la santé publique*, personne ne le conteste ; ce n'est même qu'à ce titre, à cette condition, qu'elles servent les intérêts de leurs propriétaires. Mais cette utilité est-elle assez grande pour être dite et déclarée *publique*, avec quelques-unes au moins des conséquences attachées à cette déclaration ? Votre Commission n'a pas hésité un seul instant à croire qu'il en est ainsi. Mais elle s'est demandé immédiatement aussi quel est le degré de cette *utilité publique*, de quel terme on doit se servir pour la caractériser et pour ne pas attacher à la déclaration qui en serait faite toutes les conséquences, sans exception, qu'elle est sujette à éprouver suivant les saisons, la composition et les propriétés spéciales des eaux, la consistance de l'établissement d'eaux minérales qu'elle alimente, et le nombre des malades que cet établissement a reçus dans les trois années précédentes.

A cette demande est joint un plan, en triple expédition, à l'échelle de 10 millimètres par mètre, représentant l'établissement d'eaux minérales, et faisant connaître la disposition des réservoirs, des salles de bains, des douches et de tous appareils et constructions servant à l'aménagement et à l'administration des eaux.

Le demandeur y ajoute tous les renseignements propres à faire apprécier les services que l'établisse-

---

qu'on est dans l'habitude et en droit d'attacher à la déclaration dite d'utilité publique.

» Quelque réelle et considérable, en effet, que se soit montrée, à nos yeux, l'utilité générale des sources d'eaux minérales, ou au moins d'un grand nombre d'entre elles, nous n'avons pas cru qu'il fût possible de la mettre absolument sur la même ligne que ces diverses sortes d'utilité publique en vue desquelles a été faite la loi d'expropriation du 3 Mai 1841. En elle-même et dans ces conséquences, l'utilité publique des sources d'eaux minérales s'est, pour nous, réduite à un *grand*, à un *sérieux intérêt public*, qui doit être sérieusement protégé, mais qui ne doit que le moins possible, empiéter sur les droits et le libre usage de la propriété privée. »

ment rend à la santé publique. (Art. 2 du même décret.)

Art. 7. — Le Préfet fait enregistrer la demande sur un registre particulier, et ordonne les publications et affiches dans les dix jours. (Art. 3 dudit décret.)

Art. 8. — Par les soins du Préfet, la demande est publiée et affichée dans la commune où est situé l'établissement d'eaux minérales, et dans les chefs-lieux d'arrondissement du département; elle est insérée dans l'un des journaux de chacun des arrondissements où se font les publications et affiches; le tout aux frais du demandeur.

La durée des affiches est d'un mois, à dater du jour de leur apposition dans chaque localité.

Dans chaque localité, la publication a lieu devant la porte de la maison commune et des églises paroissiales et consistoriales, à l'issue de l'office, un jour de dimanche, et au moins une fois pendant la durée des affiches. (Art. 4 dudit.)

Art. 9. — Un registre destiné à recevoir les observations et déclarations du public est ouvert, pendant le même délai, à la Mairie de la commune où est situé l'établissement, ainsi que dans les chefs-lieux d'arrondissement du département. (Art. 5.)

Art. 10. — A l'expiration du délai ci-dessus fixé, et dans le mois qui suit, une Commission composée, sous la présidence du Préfet, de deux membres du Conseil général, de l'Ingénieur des Mines et du médecin-inspecteur, se réunit à la Préfecture pour donner son avis sur le résultat de l'enquête et sur la demande en déclaration d'intérêt public.

Préalablement à la délibération de la Commission, le Préfet fait vérifier, par l'Ingénieur des Mines, le débit journalier de la source; il fait procéder, de même, à l'analyse des eaux.

Les frais nécessités par ces opérations sont à la charge du demandeur.

M. le Préfet transmet, sans délai, au Ministre de l'Agriculture, du Commerce et des Travaux publics, la délibération de cette Commission, et, en même temps, toutes les pièces de l'enquête. (Art. 6 dudit.)

ART. 11. — Le Comité consultatif d'hygiène publique et le Conseil général des Mines (1) sont appelés à donner leur avis, et il est définitivement statué sur la demande en déclaration d'intérêt public, par un décret délibéré en Conseil d'État. (Art. 7.)

ART. 12. — Le décret portant déclaration d'intérêt public est publié et affiché, aux frais du demandeur, dans la commune où est situé l'établissement d'eaux

---

(1) Voyez, annexe *D*, la composition de ces Conseils.

minérales et dans les chefs-lieux de canton de l'arrondissement. (Art. 8.)

Art. 13. — Lorsque différentes sources sont exploitées dans un même établissement, la demande en déclaration d'intérêt public peut en embrasser la totalité ou plusieurs, et l'instruction se fait, d'une manière simultanée, pour toutes les sources comprises dans la demande.

Toutefois, les renseignements indiqués dans le § 1er de l'article 6 doivent être distincts pour chaque source, de même que les vérifications et opérations mentionnées dans le § 2 de l'article 10. (Art. 9 dudit.)

TITRE III.

DU PÉRIMÈTRE DE PROTECTION.

Art. 14. — Un périmètre de protection peut être assigné, par un décret rendu dans les formes établies en l'article 4, à une source déclarée d'intérêt public.

Ce périmètre peut être modifié si de nouvelles cir-

constances en font reconnaitre la nécessité. [Art. 2 de
la loi du 14 Juillet 1856 (1).]

Art. 15. — La demande en fixation d'un périmètre
de protection autour d'une source déclarée d'intérêt public
est formée et instruite d'après les règles tracées au titre
précédent, sauf les modifications qui suivent. (Art. 10
du décret impérial du 6 Septembre 1856.)

Art. 16. — La demande est accompagnée : 1° d'un
mémoire justificatif; 2° d'un plan à l'échelle d'un milli-
mètre par mètre, représentant les terrains à comprendre
dans le périmètre, et sur lequel sont indiqués l'allure
présumée de la source et son point d'émergence.

---

(1) Aux termes du 2me § de cet article, le périmètre de
protection peut être : *déplacé*, s'il devient nécessaire d'y in-
corporer de nouveaux terrains, et s'il y a, en même temps,
possibilité d'en retrancher d'autres devenus inutiles ; *augmenté*, si l'étendue du périmètre primitif est reconnue insuf-
fisante; enfin *restreint*, si, comme le dit l'exposé des motifs,
« l'on acquerrait la certitude qu'il embrasse des terrains
« qu'on peut en retrancher sans inconvénients. »

Dans la pratique, les propriétaires des établissements thermaux useront exclusivement de la seconde de ces facultés:
ils demanderont l'extension du périmètre qui n'a que des
avantages pour eux ; ils solliciteront rarement le déplacement
du périmètre et encore moins sa réduction qui ne leur offrirait
aucun intérêt, du moment où le périmètre, si vaste qu'il

La demande est publiée et affichée, et des registres d'enquête sont ouverts dans chacune des communes sur le territoire desquelles s'étend le périmètre demandé. (Art. 11 dudit.)

Art. 17. — La demande en fixation du périmètre de protection peut être produite en même temps que la demande en déclaration d'intérêt public, et il peut être statué sur l'une et l'autre demande, au vu d'une seule et même instruction. (Art. 12.)

Art. 18. — Les demandes en modification de périmètre sont formées et instruites comme les demandes en première fixation, et il est statué dans les mêmes formes. (Art. 13.)

---

soit et quelle que soit la valeur des propriétés qu'il englobe, n'entraîne aucune charge pour leurs établissements.

C'est donc l'Administration *seule* qui pourra provoquer le déplacement des limites du périmètre ou leur réduction, lorsqu'elle le jugera opportun. La loi ne lui reconnaît pas explicitement ce droit, mais il est certain qu'elle a entendu l'accorder.

Les règlements ne déterminent pas non plus de quelle manière l'Administration devra agir le cas échéant. Les formes seront, sans doute, les mêmes que si la demande était présentée par le propriétaire d'une source, avec cette différence que la pétition exigée serait remplacée par un document administratif, un rapport de MM. les Ingénieurs des Mines, par exemple.

*Des travaux à faire dans l'intérieur du périmètre de
protection.*

ART. 19. — Aucun sondage, aucun travail souterrain
ne peuvent être pratiqués dans le périmètre de protection d'une source d'eau minérale déclarée d'intérêt
public, sans autorisation préalable.

A l'égard des fouilles, tranchées pour extraction de
matériaux ou pour un autre objet, fondation de maisons,
caves ou autres travaux à ciel ouvert, le décret qui fixe
le périmètre de protection peut exceptionnellement imposer aux propriétaires l'obligation de faire, au moins
un mois à l'avance, une déclaration au Préfet, qui en
délivre récépissé. (Art. 3 de la loi du 14 Juillet 1856.)

ART. 20. — La demande en autorisation préalable
prévue par le premier paragraphe de l'article qui pré-
cède, pour les sondages et les travaux souterrains à
exécuter dans le périmètre de protection, est adressée
au Préfet du département.

Cette demande est faite sur papier timbré; elle énonce
les nom, prénoms et domicile du demandeur; elle est
accompagnée d'un plan indiquant les dispositions des
ouvrages projetés, et d'un mémoire explicatif des conditions dans lesquelles ils doivent s'exécuter. (Art. 14
du décret du 8 Septembre 1856.)

ART. 21. — Le Préfet prend l'avis de l'Ingénieur

des Mines et du médecin-inspecteur ; il entend le propriétaire de la source ou l'exploitant, si le propriétaire n'exploite pas lui même ; il donne son avis et le transmet, avec les pièces, au Ministre de l'Agriculture, du Commerce et des Travaux publics.

M. le Ministre statue sur l'avis du Conseil général des Mines. (Art. 15 dudit.)

Faits d'altération ou de diminution des sources.

ART. 22. — Les travaux énoncés dans l'article 19, et entrepris, soit en vertu d'une autorisation régulière, soit d'après une déclaration préalable, peuvent, sur la demande du propriétaire de la source, être interdits par le Préfet, si leur résultat constaté est d'altérer ou de diminuer la source. Le propriétaire du terrain est préalablement entendu.

L'arrêté du Préfet est exécutoire par provision, sauf recours au Conseil de Préfecture et au Conseil d'État par la voie contentieuse. (Art. 4 de la loi du 14 Juillet 1856.)

ART. 23. — Lorsque, dans les cas prévus par le paragraphe premier de l'article précédent, le propriétaire d'une source minérale demande au Préfet d'interdire les travaux entrepris dans l'intérieur du périmètre de protection, le Préfet commet immédiatement l'Ingénieur des Mines pour constater si, en effet, lesdits travaux ont pour résultat d'altérer ou de diminuer la source. (Art. 16 du décret du 8 Septembre 1856.)

ART. 24. — L'Ingénieur se transporte sur les lieux ; il procède, en présence des parties intéressées ou elles dûment appelées, aux opérations de jaugeage et à toutes autres qu'il juge utile pour établir l'influence des travaux qui ont donné lieu à la réclamation, sur le régime de la source, son débit et la composition de ses eaux.

Il dresse un procès-verbal détaillé qu'il signe conjointement avec toutes les parties comparantes ; il transmet ce procès-verbal, avec son avis, au Préfet du département, qui statue ainsi qu'il est dit à l'article 22 ci-dessus.

Chacune des parties intéressées peut requérir l'insertion de ses observations au procès-verbal. (Art. 17 dudit.)

ART. 25. — Lorsque, à raison de sondages ou de travaux souterrains entrepris en dehors du périmètre et jugés de nature à altérer ou diminuer une source minérale déclarée d'intérêt public, l'extension du périmètre parait nécessaire, le Préfet peut, sur la demande du propriétaire de la source, ordonner provisoirement la suspension des travaux.

Les travaux peuvent être repris, si, dans le délai de six mois, il n'a pas été statué sur l'extension du périmètre. (Art. 5 de la loi du 14 Juillet 1856.)

ART. 26. — Il est procédé conformément aux dispositions de l'article 24, dans le cas où le propriétaire d'une source minérale déclarée d'intérêt public demande au Préfet d'ordonner provisoirement, en vertu de l'article précédent, la suspension de sondages et de travaux souterrains entrepris en dehors du périmètre de protection, et qu'il signale comme étant de nature à altérer ou diminuer la source. (Art. 18 du décret du 8 Septembre 1856.)

ART. 27.— Les dispositions de l'article 25 s'appliquent à une source minérale déclarée d'intérêt public, à laquelle aucun périmètre n'a été assigné. [Art. 6 de la loi du 14 Juillet 1856 (1)].

Des travaux à exécuter par le propriétaire d'une source déclarée d'intérêt public.

ART. 28. — Dans l'intérieur du périmètre de protection, le propriétaire d'une source déclarée d'intérêt public a le droit de faire dans le terrain d'autrui, à

(1) Le Préfet de l'Hérault a fait l'application de cette utile disposition, dans une circonstance récente où l'Administration avait conçu de sérieuses craintes sur l'influence de certains travaux de recherches de mines, par rapport à la conservation des sources thermales si précieuses et si renommées du vallon de Lamalou.

6

l'exception des maisons d'habitation et des cours attenantes, tous les travaux de captage et d'aménagement
nécessaires pour la conservation, la conduite et la distribution de cette source, lorsque ces travaux ont été
autorisés par un arrêté du Ministre de l'Agriculture, du
Commerce et des Travaux publics.

Le propriétaire du terrain est entendu dans l'instruction. (Art. 7 de la loi du 14 Juillet 1856.)

ART. 29. — Le propriétaire d'une source d'eau minérale déclarée d'intérêt public peut exécuter, sur son
terrain, tous les travaux de captage et d'aménagement
nécessaires pour la conservation, la conduite et la distribution de cette source, un mois après la communication faite de ses projets au Préfet.

En cas d'opposition par le Préfet, le propriétaire ne
peut commencer ou continuer les travaux qu'après autorisation du Ministre de l'Agriculture, du Commerce et
des Travaux publics.

A défaut de décision dans le délai des trois mois, le
propriétaire peut exécuter les travaux. (Art. 8, *ibid.*)

ART. 30. — L'occupation d'un terrain compris dans
le périmètre de protection pour l'exécution des travaux
prévus par l'article 28, ne peut avoir lieu qu'en vertu
d'un arrêté du Préfet qui en fixe la durée.

Lorsque l'occupation d'un terrain compris dans le
périmètre prive le propriétaire de la jouissance du

revenu au-delà du temps d'une année, ou lorsque, après les travaux, le terrain n'est plus propre à l'usage auquel il était employé, le propriétaire dudit terrain peut exiger du propriétaire de la source l'acquisition du terrain occupé ou dénaturé. Dans ce cas, l'indemnité est réglée suivant les formes prescrites par la loi du 3 Mai 1841. Dans aucun cas, l'expropriation ne peut être provoquée par le propriétaire de la source. (Art. 9, *ibid.*)

Des dommages.

Art. 31. — Les dommages dus par suite de suspension, interdiction ou destruction de travaux dans les cas prévus aux articles 22, 23 et 27, ainsi que ceux dus à raison de travaux exécutés en vertu des articles 28 et 30, sont à la charge du propriétaire de la source. L'indemnité est réglée à l'amiable ou par les Tribunaux.

Dans les cas prévus aux articles 22, 23 et 27, l'indemnité due par le propriétaire de la source ne peut excéder le montant des pertes matérielles qu'a éprouvées le propriétaire du terrain, et le prix des travaux devenus inutiles, augmenté de la somme nécessaire pour le rétablissement des lieux dans leur état primitif. (Art. 10, *ibid.*)

Art. 32. — Les décisions concernant l'exécution ou la destruction des travaux sur le terrain d'autrui ne peuvent être exécutées qu'après le dépôt d'un cautionnement dont l'importance est fixée par le Tribunal, et qui sert de garantie au paiement de l'indemnité dans les cas énumérés dans l'article précédent.

L'État, pour les sources dont il est propriétaire, est dispensé du cautionnement. (Art. 11, *ibid.*)

Art. 33. — Si une source d'eau minérale, déclarée d'intérêt public, est exploitée d'une manière qui en compromette la conservation, ou si l'exploitation ne satisfait pas aux besoins de la santé publique, un décret impérial, délibéré en Conseil d'État, peut autoriser l'expropriation de la source et de ses dépendances nécessaires à l'exploitation, dans les formes réglées par la loi du 3 Mai 1841. (Art. 12, *ibid.*)

TITRE IV.

DISPOSITIONS PÉNALES.

Art. 34. — L'exécution sans autorisation ou sans déclaration préalable, dans le périmètre de protection, de l'un des travaux mentionnés dans l'article 19, la reprise des travaux interdits ou suspendus administrativement, en vertu des articles 22, 25 et 27, sont punies d'une amende de 50 fr. à 500 fr. (Art. 13, *ibid.*)

Art. 35. — Les infractions prévues par l'article

précédent sont constatées, concurremment, par les officiers de police judiciaire, les Ingénieurs des Mines et les agents sous leurs ordres ayant droit de verbaliser. (Art. 15, *ibid.*)

ART. 36. — Les procès-verbaux dressés en vertu de l'article 34 sont visés pour timbre et enregistrés en debet.

Les procès-verbaux dressés par des garde-mines ou agents de surveillance assermentés doivent, à peine de nullité, être affirmés dans les trois jours devant le Juge de paix ou le Maire, soit du lieu du délit, soit de la résidence de l'agent.

Lesdits procès-verbaux font foi jusqu'à preuve contraire. (Art. 16, *ibid.*)

ART. 37. — L'article 463 du Code pénal, relatif à l'admission des circonstances atténuantes, est applicable aux condamnations prononcées en vertu des dispositions qui précèdent. (Art. 17, *ibid.*)

TITRE V.

DISPOSITIONS CONCERNANT L'INSPECTION MÉDICALE ET LA SURVEILLANCE DES SOURCES ET DES ÉTABLISSEMENTS D'EAUX MINÉRALES NATURELLES.

ART. 38. — Un médecin-inspecteur est attaché à toute localité comprenant un ou plusieurs établissements d'eaux minérales naturelles dont l'exploitation est reconnue comme devant donner lieu à une surveillance spéciale, sous la réserve mentionnée à l'article 42 ci-après.

Une même inspection peut comprendre plusieurs localités dans sa circonscription, lorsque le service le comporte. (Art. 1er du décret réglementaire du 28 Janvier 1860.)

ART. 39. — Dans le cas où les nécessités du service l'exigent, un ou plusieurs médecins peuvent être adjoints au médecin-inspecteur, sous le titre d'inspecteurs-adjoints, à l'effet de remplacer le titulaire en cas d'absence, de maladie ou de tout autre empêchement. (Art. 2, même décret.)

ART. 40. — Le Ministre de l'Agriculture, du Commerce et des Travaux publics nomme et révoque les médecins-inspecteurs et les médecins-inspecteurs-adjoints. (Art. 3, ibid.)

ART. 41. — Les inspections médicales sont divisées en trois classes, suivant le revenu de l'ensemble des établissements qui sont compris dans la localité ou la circonscription. La première classe se compose des inspections où l'ensemble des établissements donne un revenu de 10,000 fr.; la seconde, des inspections où ce revenu est de 5,000 à 10,000 fr.; la troisième, des inspections où ce même revenu est de 1,500 à 5,000 fr. (Art. 4, ibid.)

ART. 42. — Au-dessous d'un revenu de 1,500 fr., il n'y a pas d'inspecteur spécialement attaché à la localité (1), et l'inspection médicale consiste dans des visites faites par des inspecteurs envoyés en tournée par le Ministre de l'Agriculture, du Commerce et des Travaux publics, lorsqu'il le juge convenable. (Art. 5, *ibid.*)

ART. 43. — Le tableau de classement des inspec-

---

(1) Cette disposition a été critiquée. On a dit que les établissements naissants risquaient beaucoup de voir leurs revenus ne pas dépasser, de long-temps, le chiffre de 1,500 fr., précisément parce qu'ils seraient privés des avantages inhérents à l'inspection médicale, et se trouveraient ainsi placés, à cet égard, dans un état d'infériorité regrettable par rapport à d'autres établissements voisins ou rivaux.

L'on comprend que, pour des sources encore peu connues, et par suite peu productives, les règlements n'imposent pas une création qui entraînerait pour elles une dépense, en certain cas, trop onéreuse; mais il n'y aurait, semble-t-il, que justice à accorder un médecin-inspecteur aux établissements nouveaux, sur la demande de leurs propriétaires, lorsque ceux-ci prendraient l'engagement de pourvoir au traitement de ce fonctionnaire.

Voici, d'ailleurs, comment s'exprime, au sujet de la disposition dont il s'agit, M. Max. DURAND-FARDEL, médecin-inspecteur, à Vichy, dans ses judicieuses « *observations sur le nouveau décret impérial du 28 Janvier 1860 :* »

« L'installation d'un établissement thermal ne pouvant

tions médicales est arrêté par le Ministre. Il est révisé tous les cinq ans, sans préjudice du classement des établissements nouveaux qui seraient ouverts dans l'intervalle.

La base du classement est la moyenne des revenus des cinq dernières années, calculés comme il est dit à l'article 72 ci-après. (Art. 6, *idem.*)

ART. 44. — Les traitements affectés aux médecins-inspecteurs sont réglés ainsi qu'il suit :

---

avoir, pour ceux qui l'entreprennent, qu'un but industriel, exige un intermédiaire entre cet établissement même et le public, pour lui créer la notoriété nécessaire à sa propre existence. Or, la notoriété ne peut s'établir, pour une station thermale, que par la réclame ou par la publicité scientifique.

» La première est de sa nature inintelligente, exagérée et le plus souvent infidèle. Le concours d'un médecin peut seul lui servir de correctif et offrir de sérieuses garanties d'expérience et de sincérité.

» Priver un établissement naissant d'inspection médicale, n'est-ce pas le condamner à un isolement mortel ou aux témérités de la réclame? Sans doute un concours médical officieux peut toujours être cherché et probablement obtenu; mais c'est dans des conditions bien différentes de celles qui résulteraient d'un concours officiel, désigné et garanti par l'Administration supérieure. »

Dans les inspections de 1re classe...... 1,000 f

     —   2e classe...... 800

     —   3e classe...... 600

(Art. 7, *ibid.*)

ART. 45. — Les inspecteurs-adjoints ne reçoivent pas de traitement, sauf le cas où ils auraient remplacé le médecin-inspecteur pendant une partie notable de la saison, et, dans ce cas, il leur est alloué une indemnité prise sur le traitement de l'inspecteur et fixée par le Ministre de l'Agriculture, du Commerce et des Travaux publics. (Art 8, *ibid.*)

ART. 46. — L'inspection a pour objet tout ce qui, dans chaque établissement, importe à la santé publique.

Les inspecteurs font, dans ce but, aux propriétaires, régisseurs ou fermiers, les propositions et observations qu'ils jugent nécessaires ; ils portent, au besoin, leurs plaintes à l'autorité, et sont tenus de lui signaler les abus venus à leur connaissance. (Art. 4 de l'ordonnance du 18 Juin 1823.)

ART. 47. — Ils veillent particulièrement à la conservation des sources, à leur amélioration ; à ce que les eaux minérales ne soient ni falsifiées, ni altérées. Lorsqu'ils s'aperçoivent qu'elles le sont, ils prennent ou requièrent les précautions nécessaires pour empêcher qu'elles ne puissent être livrées au public, et provoquent, s'il y a lieu, telles poursuites que de droit. (Art. 5, *ibid.*)

ART. 48. — Pendant la saison des eaux, le médecin-inspecteur exerce sa surveillance sur toutes les parties de l'établissement affectées à l'administration des eaux et au traitement des malades, ainsi que sur l'exécution des dispositions qui s'y rapportent.

Les dispositions du paragraphe précédent ne peuvent être entendues de manière à restreindre la liberté qu'ont les malades de suivre les prescriptions de leur propre médecin, ou d'être accompagnés par lui, s'ils le demandent, sans préjudice du libre usage des eaux réservé par l'article 55 ci-dessus. (Art. 9 du décret du 28 Janvier 1860.)

ART. 49. — Les inspecteurs ne peuvent rien exiger des malades dont ils ne dirigent pas le traitement, ou auxquels ils ne donnent pas de soins particuliers. (Art. 10, *ibid.*)

ART. 50. — Ils soignent gratuitement les indigents admis à faire usage des eaux minérales, à moins que ces malades ne soient placés dans des maisons hospitalières où il serait pourvu à leur traitement par les autorités locales. (Art. 11, *ibid.*)

ART. 51. — Les militaires blessés au service de la patrie et les indigents munis de certificats des autorités qui les ont adressés, constatant leurs blessures ou infirmités, reçoivent gratuitement le secours des eaux minérales. (Art. 4 de l'arrêté du Directoire exécutif, du 23 Vendémaire an VI.)

Les frais de route et de séjour des indigents qui se rendent aux eaux minérales sont à la charge des communes qui les envoient. (Art. 6 de l'arrêté du Directoire exécutif du 29 Floréal, et circulaire du Ministre de l'Intérieur du 28 Prairial an VII.)

Art. 52. — Les médecins-inspecteurs ou inspecteurs-adjoints ne peuvent être intéressés dans aucun des établissements qu'ils sont chargés d'inspecter. (Art. 12 du décret du 28 Janvier 1860.)

Art. 53. — Lorsque les besoins du service l'exigent, l'Administration fait visiter, par les Ingénieurs des Mines, les établissements thermaux de leur circonscription.

Les frais des visites spéciales faites par les Ingénieurs des Mines, en dehors de leurs tournées régulières, sont imputés sur la somme annuelle fournie par les établissements d'eaux minérales, conformément à l'article 1ᵉ de la loi du 14 Juillet 1856. (Art. 13, *ibid.*)

Art. 54. — Le médecin-inspecteur et l'Ingénieur des Mines informent le Préfet des contraventions et des infractions aux règlements sur les eaux minérales qui viennent à leur connaissance. Ils proposent, chacun en ce qui le concerne, les mesures dont la nécessité leur est démontrée. (Art. 14, *ibid.*)

TITRE VI.

—

DES CONDITIONS GÉNÉRALES D'ORDRE , DE POLICE ET DE SALUBRITÉ AUX-
QUELLES LES ÉTABLISSEMENTS D'EAUX MINÉRALES NATURELLES DOIVENT
SATISFAIRE.

———

ART. 55. — L'usage des eaux minérales n'est su-
bordonné à aucune permission ni à aucune ordonnance
de médecin. (Art. 15, *ibid.*)

ART. 56. — Dans tous les cas où les besoins du
service l'exigent (1), des règlements arrêtés par le
Préfet, les propriétaires, régisseurs ou fermiers
préalablement entendus, déterminent les mesures qui
ont pour objet :

La salubrité des cabinets, bains, douches, piscines,

———

(1) La même disposition existait dans l'ordonnance du
18 Juin 1823.

« Il faut voir, dans cette disposition restrictive, non-seulement ses propres expressions, mais encore l'esprit qui les
a dictées, et savoir se préserver de trop *réglementer*. Dans
de telles prévoyances, l'autorité doit toujours prendre la
nécessité pour mesure de son intervention, et éviter avec soin
de devenir fatigante en se montrant minutieuse. » (Circulaire
du Ministre de l'Intérieur du 5 Juillet 1823.)

et, en général, de tous les locaux affectés à l'Administration des eaux ;

Le libre usage des eaux (1) ;

L'exclusion de toute préférence dans les heures pour les bains et douches ;

---

(1) « Une fois assurées : la salubrité, l'exclusion de toute préférence, l'égalité des prix, les malades, dit M. DURAND-FARDEL dans l'ouvrage déjà cité, n'ont besoin d'être protégés que contre eux-mêmes, c'est-à-dire contre les dangers que leur inexpérience ou leur imprudence pourrait leur faire courir.

» Le rapport de M. le Ministre de l'Agriculture, du Commerce et des Travaux publics, relatif au décret de 1860, exprime très-justement *que toute personne raisonnable ne manquera pas de prendre les précautions* nécessaires dans l'intérêt de sa santé, *près de certaines eaux minérales dont l'emploi peut ne pas être inoffensif.* Nous sommes convaincu qu'il en sera ainsi dans la grande majorité des cas. Mais nous ferons remarquer que l'on ne s'en est pas rapporté à l'instinct de la conservation personnelle, dans la police des chemins de fer, et que les mesures rigoureuses prises dans un but de *protection* ne parviennent qu'incomplètement encore à prévenir des accidents à peu près exclusivement dus à *l'imprudence.*

» En résumé, laisser le libre usage des eaux aux personnes bien portantes, c'est-à-dire qui n'ont à en faire qu'un usage superficiel en quelque sorte et passager, ou ne doivent user que des modes d'administration les plus simples ou les plus

7

L'égalité des prix (1), sauf les réductions qui peuvent être accordées aux indigents (2) ;

La protection particulière due aux malades ;

Les mesures d'ordre et de police à observer par le public, soit à l'intérieur, soit aux abords ;

La séparation des sexes.

Lorsque l'établissement appartiendra à l'État, à un département, une commune ou une institution charitable, le règlement aura aussi en vue les autres branches de son administration. (Art. 16 du décret de 1860 et 8 de l'ordonnance de 1823.)

---

innocents, ou d'eaux minérales qui sont absolument inoffensives ; exiger la prescription médicale des véritables malades, ou de ceux qui devront faire usage de modes d'administration compliqués ou délicats, ou d'eaux minérales qui *peuvent ne pas être inoffensives*, tel nous paraît être le véritable esprit du décret commenté par M. le Ministre. »

(1) On a fait remarquer ci-dessus, p. 35 et 36, combien cette *égalité des prix* était difficile à assurer.

(2) Cette expression ferait supposer que, dans la pensée des rédacteurs du décret du 28 Janvier 1860, la disposition de l'arrêté de Vendémiaire an VI, qui assure l'usage gratuit des eaux minérales aux indigents, serait tombée en désuétude ou aurait été implicitement abrogée par les lois qui sont venues après. Mais une telle opinion ne semble pas devoir résister à un examen attentif de cette question si intéressante.

Art. 57. — Ces règlements sont soumis à l'Administration supérieure qui peut les modifier ; ils sont ensuite affichés dans l'intérieur de l'établissement , et sont obligatoires pour les personnes qui le fréquentent, aussi bien que pour les propriétaires, régisseurs ou fermiers, et pour les employés du service.

Les inspecteurs ont le droit de requérir, sauf recours au Préfet, le renvoi des employés qui refuseraient de se conformer aux règlements. (Art. 9 de l'ordonnance de 1823 , et 17 du décret du 28 Janvier 1860.)

Art. 58. — Un mois avant l'ouverture de chaque saison , les propriétaires, régisseurs ou fermiers des établissements d'eaux minérales envoient aux Préfets le tarif détaillé des prix correspondant aux modes divers suivant lesquels les eaux sont administrées et des accessoires qui en dépendent.

Il ne peut y être apporté aucun changement pendant la saison.

Sous aucun prétexte, il n'est exigé ni perçu aucun prix supérieur au tarif, ni aucune somme en dehors du tarif pour l'emploi des eaux. (Art. 18 du décret de 1860.)

Art. 59. — Le tarif prévu à l'article précédent , comme ceux qui concernent des établissements appartenant à l'État , aux départements, aux communes ou à des établissements charitables, sont constamment affichés à la porte principale et dans l'intérieur des établissements thermaux, ainsi que dans tous les bureaux destinés à la vente d'eaux minérales.

Les tarifs concernant des entreprises particulières ne peuvent être modifiés par l'Administration. (Art. 19 du décret de 1860, et 11 de l'ordonnance de 1823.)

ART. 60. — A l'issue de la saison des eaux, le propriétaire, régisseur ou fermier de chaque établissement d'eaux minérales remet au médecin-inspecteur, et, à son défaut, au Préfet, un état portant le nombre des personnes qui ont fréquenté l'établissement. Cet état est envoyé, avec les observations du médecin-inspecteur, au Ministre de l'Agriculture, du Commerce et des Travaux publics. (Art. 20 du décret de 1860.)

ART. 61. — Les propriétaires, régisseurs ou fermiers sont tenus de donner le libre accès des établissements et des sources à tous les fonctionnaires délégués par le Ministre; ils leur fournissent les renseignements nécessaires à l'accomplissement de la mission qui leur est confiée. (Art. 21, *ibid.*)

ART. 62. — Les infractions aux dispositions ci-dessus qui ont trait aux conditions générales d'ordre, de police et de salubrité auxquelles tous les établissements doivent satisfaire, sont punies d'une amende de 16 fr. à 100 francs. (Art. 14 et 19 de la loi du 14 Juillet 1856.)

ART. 63. — Les divers inspecteurs remplissent

et adressent chaque année , à M. le Ministre de l'Agriculture, du Commerce et des Travaux publics , des
tableaux dont il leur est fourni des modèles ; ils y
joignent les observations qu'ils ont recueillies , et les
mémoires qu'ils ont rédigés sur la nature, la composition
et l'efficacité des eaux , ainsi que sur le mode de leur
application. (Art. 12 de l'ordonnance de 1823.)

Ces documents doivent être établis conformément aux
indications d'une instruction spéciale notifiée par une
circulaire Ministérielle du 20 Mars 1852 (1).

ART. 64. — Les cahiers ou rapports mentionnés à
l'article précédent doivent être transmis, à l'Administration supérieure, dix-huit mois après la saison thermale
dont ils rendent compte , pour être soumis à l'Académie
impériale de médecine. Pendant ce délai , MM. les
médecins-inspecteurs établissent leurs observations et
recueillent les renseignements qui leur sont nécessaires
pour constater les effets des eaux qui se produisent
tardivement, c'est-à-dire après le départ des baigneurs.
(Circulaire Ministérielle du 27 Septembre 1855.)

ART. 65. — Toutefois, les renseignements que renferment les rapports, sur la statistique des établissements,
intéressant d'une manière particulière l'Administration ,

---

(1) Voyez cette instruction et cette circulaire, annexe *E*.

MM. les médecins-inspecteurs sont tenus de les faire parvenir à l'autorité, immédiatement après la clôture de chaque saison, c'est-à-dire vers la fin d'Octobre, au moyen de tableaux intitulés : « *Extrait du Rapport général.* » Ces extraits doivent être accompagnés d'un compte-rendu sommaire du traitement thermal et de ses résultats, mentionnant, pour chaque malade, la nature et la gravité de la maladie, ainsi que le mode de médication. (Circulaires Ministérielles des 20 Mars 1852, 27 Septembre 1855 et 21 Mars 1862.)

TITRE VII.

—

DES BASES ET DU MODE DE RÉPARTITION DES FRAIS DE L'INSPECTION MÉDICALE ET DE LA SURVEILLANCE DES ÉTABLISSEMENTS D'EAUX MINÉRALES NATURELLES.

ART. 66. — La somme nécessaire pour couvrir les frais d'inspection médicale et de surveillance des établissements d'eaux minérales autorisés est perçue sur l'ensemble de ces établissements.

Le montant en est déterminé tous les ans par la loi de finances.

La répartition en est faite entre les établissements, au *prorata* de leurs revenus.

Le recouvrement a lieu, comme en matière de contributions directes, sur les propriétaires, régisseurs ou fermiers des établissements. (Art. 18 de la loi du 14 Juillet 1856.)

ART. 67. — Tous les ans, il est inscrit au budget du Ministre de l'Agriculture, du Commerce et des Travaux publics, une somme égale au montant total des traitements des inspecteurs attachés aux différentes localités d'eaux minérales ; il y est ajouté une somme qui n'excède pas dix pour cent de ce montant, afin de couvrir les frais généraux d'inspection et de surveillance.

Une somme égale est inscrite au budget des recettes. (Art. 22 du décret du 28 Janvier 1860.)

ART. 68. — La répartition, entre les établissements, de la somme portée au budget et le recouvrement ont lieu suivant les bases et conformément au mode qui sont indiqués dans les articles ci-après. (Art. 23, *ibid.*)

ART. 69. — A la fin de chaque année, les propriétaires, régisseurs ou fermiers des établissements d'eaux minérales naturelles adressent au Préfet les états des produits et des dépenses de leurs établissements pendant l'année. (Art. 24, *ibid.*)

ART. 70. — L'état des produits comprend les revenus afférents aux bains, douches, piscines, buvettes, et à tout autre mode quelconque d'administration des eaux, ainsi qu'à la vente des eaux en bouteilles, cruchons ou tonneaux. (Art. 25, *ibid.*)

ART. 71. — L'état des dépenses comprend :

Les frais encourus pour la réparation des appareils et constructions servant à l'aménagement des sources, la distribution et l'administration des eaux, le salaire des employés, l'entretien des bâtiments et de leurs abords, ainsi que celui du matériel, le montant des contributions dues à l'État, au département ou à la commune, et généralement tous les frais courants d'exploitation. (Art. 26, *ibid.*)

Ne sont pas admises en compte les dépenses extraordinaires, et notamment les sommes dépensées pour grosses réparations, constructions nouvelles, travaux de recherche ou de captage, acquisition de terrains, ainsi que les indemnités que ces constructions et travaux de recherche ou de captage ont pu comporter. (Art. 27, *ibid.*)

ART. 72. — Le revenu qui sert de base à la répartition de la somme totale à payer par les établissements d'eaux minérales est l'excédant des produits sur les dépenses ordinaires, tels que les uns et les autres sont prévus aux articles 70 et 71. (Art. 28, *ibid.*)

ART. 73. — Les états de produits et de dépenses sont communiqués par le Préfet à une Commission présidée par lui ou par son délégué, et qui est composée d'un membre du Conseil général ou du Conseil d'arrondissement, du Directeur des Contributions directes, de l'Ingénieur des Mines et du médecin-inspecteur de l'établissement.

Dans le cas où les propriétaires, régisseurs ou fermiers n'auraient pas adressé, le 31 Janvier, au Préfet, conformément à l'article 69 ci-dessus, les états des produits et des dépenses de leurs établissements, la Commission procède d'office à leur égard. (Art. 29, *ibid.*)

ART. 74. — L'avis de cette Commission est, avec les pièces à l'appui, soumis à l'examen d'une Commission centrale nommée par le Ministre, et composée de cinq membres choisis dans le Conseil d'État, la Cour des Comptes, le Conseil général des Mines, le Comité consultatif d'hygiène publique et l'Administration des finances, et, en outre, du nombre d'auditeurs au Conseil d'État qui sera reconnu nécessaire.

Les auditeurs remplissent les fonctions de secrétaires et de rapporteurs; ils ont voix délibérative dans les affaires qu'ils sont chargés de rapporter. (Art. 30, *ibid.*)

ART. 75. — Sur le Rapport de la Commission instituée en vertu de l'article précédent, un arrêté du Ministre détermine le revenu des divers établissements, et répartit entre eux, au prorata dudit revenu, le montant total des frais de l'inspection médicale et de la surveillance, tels qu'ils sont indiqués à l'article 67 ci-dessus. (Art. 31, *ibid.*)

ART. 76. — L'arrêté du Ministre est notifié, par voie administrative, au propriétaire, fermier ou régisseur de chaque établissement ; il est transmis au Ministre des Finances qui est chargé de poursuivre le recouvrement des sommes pour lesquelles chacun desdits établissements est imposé. (Art. 32, *ibid.*)

ART. 77. — L'arrêté du Ministre peut être déféré au Conseil d'État par la voie contentieuse. (Art. 33, *ibid.*)

TITRE VIII.

DISPOSITIONS PARTICULIÈRES A LA FABRICATION DES EAUX MINÉRALES ARTIFICIELLES, AUX DÉPÔTS ET A LA VENTE DE CES EAUX ET DES EAUX MINÉRALES.

ART. 78. — Tous individus fabriquant des eaux minérales artificielles ne peuvent obtenir ou conserver l'autorisation de les livrer ou de les administrer au public, qu'à la condition de se soumettre aux dispositions qui les concernent, d'après les articles qui précèdent; de subvenir aux frais d'inspection ; de justifier des connaissances nécessaires pour de telles entreprises, ou de présenter pour garant un pharmacien légalement reçu. (Art. 13 de l'ordonnance du 18 Juin 1823.)

C'est au Préfet du département qu'il appartient d'accorder ou de maintenir ces autorisations, après avoir entendu le Conseil d'hygiène et de salubrité du département. (Art. 2, Nos 7 et 8 du décret du 13 Avril 1861, et circulaire du 26 du même mois.)

Art. 79. — Ils ne peuvent s'écarter, dans leurs préparations, des formules approuvées par le Ministre de l'Agriculture, du Commerce et des Travaux publics, et dont copie restera dans les mains des inspecteurs chargés de veiller à ce qu'elles soient exactement suivies.

Ils ont néanmoins, pour des cas particuliers, la faculté d'exécuter des formules magistrales sur la prescription écrite et signée d'un docteur en médecine.

Ces prescriptions sont conservées pour être représentées à l'inspecteur s'il le requiert. (Art. 14 de l'ordonnance du 18 Juin 1823.)

Art. 80. — Les autorisations nécessaires pour tous dépôts d'eaux minérales naturelles ou artificielles, ailleurs que dans les pharmacies ou dans les lieux où elles sont puisées ou fabriquées, ne sont pareillement accordées, par les Préfets et dans les mêmes formes que ci-dessus, qu'à la condition expresse, pour les permissionnaires, de se soumettre aux présentes règles et de subvenir aux frais d'inspection.

Il n'est néanmoins rien innové à la faculté que les précédents règlements donnent à tout particulier de faire venir des eaux minérales pour son usage et pour celui de sa famille. (Art. 15, *ibid.*)

ART. 81. — Il ne peut être fait d'expédition d'eaux minérales naturelles hors de la commune où elles sont puisées, que sous la surveillance de l'inspecteur ; les envois doivent être accompagnés d'un certificat d'origine par lui délivré, constatant les quantités expédiées, la date de l'expédition et la manière dont les vases ou bouteilles ont été scellés au moment même où l'eau a été puisée à la source.

Les expéditions d'eaux minérales artificielles sont pareillement surveillées par l'inspecteur, et accompagnées d'un certificat d'origine délivré par lui. (Art. 16, *ibid.*)

ART. 82. — Lors de l'arrivée desdites eaux aux lieux de leur destination, ailleurs que dans les pharmacies ou chez des particuliers, les vérifications nécessaires pour s'assurer que les précautions prescrites ont été observées, et qu'elles peuvent être livrées au public, sont faites par les inspecteurs. Les caisses ne sont ouvertes qu'en leur présence, et les débitants doivent tenir un registre des quantités reçues ainsi que des ventes. (Art. 17, *ibid.*)

ART. 83. — Là où il n'a pas été nommé d'inspecteurs, tous dépôts d'eaux minérales naturelles et établissements d'eaux minérales artificielles sont soumis aux visites ordonnées par les articles 29, 30 et 31 de la loi du 21 Germinal an XI (1). (Art. 18, *ibid.*)

_____

(1) Voyez, ci-après, ces dispositions. (Annexe F.)

TITRE IX.

—

———

ART. 84. — Les établissements d'eaux minérales qui appartiennent à des départements, à des communes ou à des institutions charitables, sont gérés pour leur compte. Toutefois, les produits n'en sont point confondus avec leurs autres revenus, et continuent à être spécialement employés aux dépenses ordinaires et extraordinaires desdits établissements, sauf les excédants disponibles après qu'il a été satisfait à ces dépenses.

Les budgets et les comptes sont aussi présentés et arrêtés séparément, conformément aux règles prescrites pour ces trois ordres de services publics. (Art. 19, *ibid.*)

ART. 85. — Ceux qui appartiennent à l'État sont administrés par les Préfets, sous l'autorité du Ministre qui en arrête les budgets et les comptes, et doit faire imprimer tous les ans, pour être distribué aux Chambres, un tableau général et sommaire de leurs recettes et de leurs dépenses.

Il est aussi imprimé, à la suite de ce tableau, le compte sommaire des subventions portées au budget de l'État pour les établissements thermaux. (Art. 20, *ibid.*)

8

Art. 86. — Les établissements qui font l'objet des deux articles précédents doivent être mis en ferme, à moins que, sur la demande des autorités locales et des administrations propriétaires, le Ministre n'ait autorisé leur mise en régie. (Art. 21, *ibid.*)

Art. 87. — Les cahiers des charges, dont font nécessairement partie les tarifs des eaux, doivent être approuvés par les Préfets, après avoir entendu les inspecteurs. Les adjudications sont faites publiquement et aux enchères.

Les clauses des baux stipulent toujours que la résiliation pourra être immédiatement prononcée par le Conseil de Préfecture, en cas de violation du cahier des charges. (Art. 22, *ibid.*)

Art. 88. — Les membres des administrations propriétaires ou surveillantes, ni les inspecteurs, ne peuvent se rendre adjudicataires desdites fermes, ni y être intéressés. (Art. 23, *ibid.*)

Art. 89. — En cas de mise en régie, le régisseur est nommé par le Préfet. Si l'établissement appartient à une commune ou à une administration charitable, la nomination est faite sur la présentation du Maire ou de cette administration.

Les employés et servants attachés au service des eaux minérales, dans lesdits établissements, sont nommés de la même manière.

Toutefois ces dernières nominations ne peuvent avoir lieu que de l'avis de l'inspecteur.

Si l'établissement appartient à plusieurs communes, les présentations sont faites par le Maire de la commune où il est situé.

. Les mêmes formes sont observées pour la fixation du traitement des uns et des autres employés, ainsi que pour leur révocation. (Art. 24, *ibid.*)

ART. 90. — Il est procédé pour les réparations, constructions, reconstructions et autres travaux, conformément aux règles prescrites pour la branche du service public à laquelle l'établissement appartient.

Toutefois ceux de ces travaux qui ne sont point demandés par l'inspecteur, ne peuvent être ordonnés qu'après avoir pris son avis. (Art. 25, *ibid.*)

FIN DU RÉPERTOIRE.

ANNEXES.

ANNEXE A.

Eaux thermales de Balaruc.

ARRÊT DU CONSEIL D'ÉTAT
POUR LA CONSERVATION DES BAINS DE BALARUC.

(Extrait des registres du Conseil d'État.) (29 Janvier 1713.)

Sur la requête présentée au Conseil, par le Syndic général
de la province de Languedoc, contenant que les bains de
Balaruc, situés dans le diocèze de Montpellier, sont si utiles
au public pour la guerison de plusieurs sortes de maladies ,
et leur réputation si étendue qu'on y vient de toutes parts,
et qu'on envoye ses eaux à Paris et en d'autres pays encore plus éloignés, pour ceux qui ne les peuvent pas venir
prendre à la source ; que pour procurer au public toutes les
commodités qu'il pouvoit souhaiter, soit pour ceux qui se
baignent ou pour ceux qui prennent lesdites eaux, les propriétaires de ces bains ont fait de grandes dépenses, et
ils ont fait faire un bain particulier où les pauvres se baignent
sans qu'il leur en coûte aucuns frais ; que néanmoins le
nommé Mauron, par envie contre lesdits propriétaires desdits
bains, *a entrepris de les faire perdre*, sous prétexte de vouloir

8

faire un puits dans son propre fonds, ce qui donne lieu à un procès qui est pendant au Parlement de Toulouse; mais d'autant que le public est encore plus intéressé à la conservation desdits bains que ceux qui en sont les propriétaires, et que si la maxime ordinaire, *qu'un particulier peut creuser dans son propre fonds*, avait lieu en cette occasion, lesdits bains seroient perdus; à ces causes, il requeroit qu'il plut au Conseil évoquer à soi l'instance qui est pendante au Parlement de Toulouse, entre le nommé Mauron et les propriétaires des bains de Balaruc, circonstances et dépendances, et ordonner que les parties seront ouïes sur leurs différends, par-devant le sieur de Lamoignon de Basville, Conseiller d'État ordinaire et Intendant de Languedoc, pour, sur son procès-verbal et avis envoyé au Conseil, être ordonné ce qu'il appartiendra : avec cependant deffenses aux parties de se pourvoir ailleurs. Vû ladite requête, l'arrêt du Parlement de Toulouse du 28 Février 1714, rendu sur la requête des sieurs Negry et Perrier, propriétaires des bains de Balaruc, qui fait deffenses à Philippe Mauron de faire creuser des fosses *qui puissent détourner le cours des eaux des bains de Balaruc;* copie de l'assignation du 22 Août dernier auxdits sieurs Negry et Perrier, à la requête dudit Mauron, sur l'opposition par lui formée audit arrêt. Ouï le rapport du sieur Desmarets, Conseiller ordinaire au Conseil, Contrôleur général des finances; le Conseil a évoqué et évoque à soi l'instance pendante au Parlement de Toulouse entre les propriétaires des bains de Balaruc et Philippe Mauron, circonstances et dépendances. Ordonne que les parties seront entendues devant le sieur de Basville, Conseiller d'État ordinaire, Intendant de justice, police et finances en la province de Languedoc, qui dressera procès-verbal des demandes, contestations, dires et requisitions desdites parties, pour icelui vû et rapporté avec son avis être fait et ordonné ce qu'il appartiendra, et cependant fait deffenses audit Mauron et à tous autres : de faire des creux, des fossés ni aucun autre ouvrage, *qui puisse détourner ou rompre le cours des eaux des bains de Balaruc*, à peine de tous dépens, dommages et intérêts.

Fait au Conseil d'État, tenu à Versailles, le 29 Janvier 1715.

Signé : LOUIS.

ARRÊT DU CONSEIL D'ÉTAT

QUI DÉFEND DE FAIRE AUCUN CREUSEMENT DANS LE TERROIR DES BAINS DE BALARUC, DÉSIGNÉ PAR LEDIT ARRÊT.

(Extrait des registres du Conseil d'État.) (11 Décembre 1715.)

Vû au Conseil d'État l'arrêt rendu en icelui le 29 Janvier 1715, sur la requête du Syndic général de la province de Languedoc, tendant à ce qu'il plût évoquer au Conseil l'instance pendante au Parlement de Toulouse, entre Philippe Mauron et les propriétaires des bains de Balaruc, et faire deffenses audit Mauron et à tous autres de faire des creux et fossés, ni aucun ouvrage qui puisse détourner ou rompre le cours des eaux des bains de Balaruc, à peine de tous dépens, domages et intérêts; lequel arrêt a évoqué ladite instance et ordonne que les parties seront entendues devant le sieur de Lamoignon de Basville, Conseiller d'État ordinaire, Intendant en Languedoc, qui dressera procès-verbal des demandes, contestations, dires et requisitions desdites parties pour icelui vû et rapporté avec son avis être fait et ordonné ce qu'il appartiendra; le procès-verbal du sieur de Basville avec son avis : Ouï le rapport et tout considéré. Le Conseil, conformément à l'avis dudit sieur de Lamoignon de Basville, a fait et fait deffenses, tant audit Philippe Mauron qu'à tous autres, de faire aucuns puits, fossés, creux ni excavations ou fondations de maisons, ni autres ouvrages qui puissent préjudicier aux eaux des bains, tant dans le champ dudit Mauron que dans la petite montagne appellée le Puech-d'Aix, d'où dérivent les sources desdites eaux ni aux environs, dans l'espace qui est limité d'un côté par le grand chemin qui va du village de Balaruc aux bains, et d'un autre côté par une ligne tirée du pied de la montagne à l'église, parallèlement au même chemin; ordonne qu'il sera planté de signaux pour marquer ledit espace, sauf, audit Philippe Mauron, de se pourvoir aux États de ladite province, pour lui être accordé quelque indemnité s'il y a lieu, ou d'agir, pour raison de ce, contre les propriétaires desdits bains, par-devant le sieur de Lamoignon de Basville, Commissaire départi en ladite province de Languedoc, commis à cet effet, pour être ladite indemnité réglée par lui en cas de contestation.

Fait au Conseil d'État, tenu à Vincennes, le quatorzième jour de Décembre mil sept cent quinze.

Signé : LOUIS.

Collationné :
Signé : DELESTRE.

ARRÊT DU CONSEIL D'ÉTAT

CONFIRMANT CELUI DU 14 DÉCEMBRE 1815, ET RENVOYANT
DEVANT L'INTENDANT DU LANGUEDOC, SAUF APPEL AU CON-
SEIL, LES CONTESTATIONS NÉES OU A NAITRE A L'OCCASION
DES BAINS DE BALARUC.

(11 Mars 1783.)

Sur la requête présentée au Roi en son Conseil par le syndic
général de la province du Languedoc, contenant que les
bains de Balaruc, situés dans le dioceze de Montpellier et
dont le sieur de Vichet, trésorier de France, est actuellement
propriétaire, jouissent de la réputation la plus étendue et la
plus méritée, non-seulement par l'utilité dont ils sont pour
la guerison de plusieurs sortes de maladies, mais encore
par les secours gratuits qu'on y administre aux soldats et aux
pauvres infirmes; que les eaux qu'ils renferment sont par
là même si précieuses à l'humanité, que leur conservation
intéresse nécessairement le bien public, et qu'en conséquence
il est important d'arrêter toutes les entreprises qui pourroient
tendre à leur destruction, même de prévenir ou d'assoupir
très-promptement toutes les contestations qui pourroient
s'élever à l'occasion de pareilles entreprises, ce qui ne peut
se faire qu'en simplifiant à cet égard les délais et les procédures, et en attribuant au juge d'administration la connoissance
exclusive de semblables difficultés; que c'est dans cette vue
que, par arrêt du Conseil du *29 Janvier 1715, rendu sur la
requête du syndic général du Languedoc*, Sa Majesté, après
avoir évoqué à soi et à son Conseil une contestation qui étoit
pendante au Parlement de Toulouse, entre les sieurs Negry

et Perrier, alors propriétaires des bains de Balaruc, et le nommé Mauron, au sujet d'un puits que celui-ci avoit fait creuser dans son propre fonds, pour faire perdre lesdites eaux de Balaruc, ordonna que les parties seroient entendues, devant le sieur de Basville, alors intendant de la province, qui dresseroit procès-verbal de leurs demandes, devis et réquisitions, pour icelui vu et rapporté avec son avis, être par Sa Majesté ordonné ce qu'il appartiendroit; qu'en conséquence du procès-verbal dressé par le sieur intendant à cette occasion, et, sur son avis, il intervint, *le 14 Décembre de la même année, un second arrêt du Conseil* qui fit deffenses tant audit Mauron qu'à tous autres, de faire aucuns puits, fossés, creux et excavations, fondations ou autres ouvrages qui pussent préjudicier aux bains de Balaruc, tant dans le champ dudit Mauron que dans un espace déterminé par ledit arrêt; que depuis personne ne s'étoit avisé de contrevenir à cet arrêt, mais qu'au commencement de l'année 1782, le nommé Jean-Jacques Donnat, ayant entrepris de creuser des fondations dans l'étendue du terrain réservé, le sieur de Vichet, propriétaire actuel des bains, a cru devoir, pour arrêter de pareilles entreprises, lui faire signifier l'arrêt du Conseil du 14 Décembre 1715; qu'effectivement Donnat avoit suspendu pendant quelques mois ses travaux, mais que les ayant repris vers la fin de la même année, le sieur de Vichet a pris le parti de se pourvoir devant le sieur intendant, pour qu'il fut fait deffenses tant à ce particulier qu'à tous autres, de faire aucun ouvrage dans la partie du terrein désigné par l'arrêt de 1715. Que ce magistrat, ne regardant pas sa compétence exclusive comme suffisamment établie par les arrêts de 1715, attendu que ces arrêts n'ordonnent point le renvoi par-devant lui de toutes les contestations qui pourroient s'élever à l'occasion des eaux de Balaruc, s'est contenté de rendre, sur la requête du sieur de Vichet, une ordonnance par laquelle il a ordonné l'exécution des arrêts de 1715, ci-dessus mentionnés, et sans préjudice du droit des parties, fait deffenses à Donnat de faire aucun ouvrage dans la partie limitée par les susdits arrêts, en sorte que si, comme il y a lieu de le présumer, le sieur Donnat vient à former opposition à cette ordonnance et à contester la juridiction du sieur intendant, ce magistrat ne pourra se dispenser de renvoyer les parties devant les juges ordinaires; qu'il pourroit résulter de là, que les arrêts du Conseil de 1715, qui ont été rendus pour assurer et protéger la stabilité de la source des eaux de Balaruc, devinssent en quelque sorte inutiles, en ce que les Tribunaux ordinaires, moins frappés des avantages d'un établissement aussi précieux à l'humanité, et plus touchés des droits particuliers des propriétaires riverains, craindroient de sacrifier l'intérêt privé au bien général, et se décideroient uniquement par la loi civile, dans une matière qui ne doit être réglée que par les principes du droit politique; que, d'ailleurs, la multitude des procédures, des formalités et la longueur des délais éloigneroient nécessairement des décisions définitives, ce qui ne pourroit manquer d'être très-préjudiciable au service des bains. Que c'est pour prévenir ces inconvénients que le suppliant croit devoir représenter à Sa Majesté qu'il est nécessaire d'attribuer au sieur commissaire départi la connaissance exclusive de toutes les contestations nées et à naître à l'occasion des eaux de Balaruc de quelque nature qu'elles soient, et que c'est à cette fin qu'il a été conseillé de donner la présente requête, et pour justifier du contenu en icelle, le suppliant y joindra une copie des arrêts du Conseil des 29 Janvier et 14 Décembre 1715. Requéroit à ces causes le suppliant qu'il plût à Sa Majesté ordonner que l'arrêt du Conseil du 14 Décembre 1715, portant deffenses au sieur Mauron et à tous autres de faire aucuns puits, fossés, fondations, creux, excavations ou autres ouvrages quelconques qui puissent préjudicier aux bains de Balaruc dans l'étendue des limites y énoncées, sera exécuté selon sa forme et teneur, et pour assurer de plus en plus ladite exécution, ordonner que le sieur intendant et commissaire départi en la province de Languedoc, connoîtra seul en première instance, et sauf l'appel au Conseil de toutes les contestations nées et à naître à l'occasion desdits bains de Balaruc, faire deffenses à toutes personnes, de quelque état, qualité et conditions qu'elles soient, de procéder pour raison desdites contestations, circonstances et dépendances, ailleurs que devant le sieur intendant, en premier ressort, et par appel au Conseil, à peine de nullité, cassation de procédures et de tous dépens, dommages et intérêts; ordonner, au surplus, que toutes lettres patentes nécessaires seront expédiées sur l'arrêt à intervenir. Vu ladite requête, signée Bosquet de Chanterenne, avocat du suppliant, Ouï le rapport du sieur Joly de Fleury, conseiller d'État ordinaire et au Conseil royal des finances. Le Roi, en son Conseil, a ordonné et ordonne que l'arrêt du Conseil du 14 Décembre 1715 sera exécuté selon sa forme et teneur. En conséquence, fait Sa Majesté deffenses à toutes personnes de pratiquer aucuns puits, fossés et fondations ou autres ouvrages quelconques qui puissent préjudicier aux bains de Balaruc dans l'étendue des limites énoncées audit arrêt, et, en cas de contestations, nées ou à naître à l'occasion desdits Bains de Balarue, les renvoye devant le sieur Intendant et commissaire départi en la province de Languedoc, auquel Sa Majesté attribue la connoissance pour juger lesdites contestations, circonstances et dépendances en première instance et sauf l'appel au Conseil; fait deffenses de procéder pour raison d'icelles ailleurs que devant le sieur intendant à peine de nullité et cassation de procédures, et seront, si besoin est, toutes lettres nécessaires expédiées sur le présent arrêt.

Fait au Conseil d'État du Roi tenu à Versailles, le 11 Mars 1783.

Signé: LOUIS.

Louis, par la grâce de Dieu, Roi de France et de Navarre, à notre ami et féal conseiller en notre Conseil d'État, le sieur Guignard de Saint-Priest, commissaire départi pour l'exécution de nos ordres en la province du Languedoc, salut.

Nous vous mandons et ordonnons de procéder à l'exécution de l'arrêt ci-attaché, et sous le contre-scel de notre chancellerie, ce-jourd'hui rendu en notre Conseil d'État, sur la requête de notre cher et bien-aimé le syndic général de ladite province du Languedoc, commandons au premier, notre huissier ou sergent, sur ce requis, de faire pour l'entière exécution dudit arrêt, et de ce que vous ordonnerez en conséquence, tous exploits, commandements, sommations et autres actes de justice que besoin sera, sans demander autre permission, visa ni parcatis, car tel est notre plaisir.

Donné à Versailles, le 11me jour de Mars, l'an de grâce 1783, et de notre règne le neuvième.

Signé: LOUIS.

9

DÉCRET.

—

Au Palais de Fontainebleau, le 7 Octobre 1807.

NAPOLÉON, Empereur des Français, Roi d'Italie et Protecteur de la Confédération du Rhin.

Vu les arrêts du Conseil d'État des 14 Décembre 1715 et 11 Mars 1783, concernant l'établissement thermal de Balaruc, département de l'Hérault, et la loi du 29 Floréal an X, relative aux contraventions en matière de grande voirie ;

Notre Conseil d'État entendu ;

NOUS AVONS DÉCRÉTÉ ET DÉCRÉTONS CE QUI SUIT :

ARTICLE 1er. — Conformément aux arrêts du Conseil des 14 Décembre 1715 et 11 Mars 1783, il est expressément défendu de faire aucuns puits, fossés, creux, excavations ou fondations de maisons, ni aucuns autres ouvrages quelconques, sans l'autorisation du Préfet du département de l'Hérault, dans la petite montagne appelée le *Puech-d'Air*, située sur le territoire de la commune de Balaruc, ni aux environs, dans l'espace de terrain limité, d'un côté, par le vieux chemin qui conduit de cette commune aux bains, autrefois dit *grand chemin*, et, de l'autre côté, par une ligne tirée du pied de la montagne à l'Église, parallèlement au vieux chemin.

ART. 2 — Il sera établi des bornes pour marquer l'espace du terrain dont il est parlé dans l'article 1er ; elles seront placées sur le bord du vieux chemin contigu à cet espace, et sur la ligne droite tirée du pied de la montagne à l'Église.

La dépense résultant de l'établissement des bornes sera à la charge du propriétaire des bains; et, dans le cas où il négligerait de les faire placer, il sera procédé à cette opération à ses frais et à la diligence du Préfet de l'Hérault.

ART. 3. — Les contraventions au présent décret seront constatées dans les formes prescrites par la loi du 29 Floréal an X, par les Maire ou Adjoint de Balaruc, les Ingénieurs des Ponts et Chaussées, leurs conducteurs, le médecin-inspecteur des eaux, la gendarmerie et tous les fonctionnaires dûment assermentés. Il sera statué définitivement, en Conseil de Préfecture, conformément à ladite loi, et les arrêtés seront exécutoires, ainsi qu'il est prescrit par l'article 4 de cette loi, et sauf recours au Conseil d'État par la voie de la Commission au Contentieux.

ART. 4. — Notre Ministre de l'Intérieur est chargé de l'exécution du présent décret.

Signé : NAPOLÉON.

Eaux thermales de Baréges.

ARRÊT DU CONSEIL

QUI PRESCRIT DES MESURES RELATIVES A L'ÉTABLISSEMENT THERMAL DE BARÉGES.
(6 Mai 1732.)

Le Roi ayant jugé à propos de faire réparer les bains du hameau de Baréges, si efficaces et si salutaires pour les blessures et une infinité d'autres maladies, dont les eaux se perdaient et les douches étaient considérablement diminuées, et d'y faire un établissement pour les officiers et soldats malades, blessés ou estropiés, qui seraient obligés d'y avoir recours et qui y manquent très-souvent de logement; Sa Majesté aurait ci-devant donné ses ordres au sieur de Lesseville, son Intendant de la province, de faire faire une recherche desdites eaux et de pourvoir à l'emplacement nécessaire pour la construction d'un corps de caserne et d'une chapelle pour l'usage des officiers et des soldats malades; à quoi ledit sieur de Lesseville, ayant donné ses soins, il aurait fait travailler avec succès à ladite recherche et n'aurait point trouvé de terrain plus convenable pour la construction dudit corps de caserne et chapelle que celui des maisons des nommés Jean Colens-Sarthé, Jean Noguez, notaire, et de la demoiselle Catherine d'Astus de Soupeire, contiguës auxdits bains du côté du levant et du nord, dont il aurait été fait acquisition, au nom de Sa Majesté, par le subdélégué du sieur de Lesseville, en Bigorre, moyennant la somme de 2,650 livres, savoir: celle de Jean Colens pour 600 livres; celle de la demoiselle d'Astus pour 1,400 livres, et celle dudit de Noguez pour 650 livres, suivant trois contrats du 9 Avril de l'année dernière 1731; et étant nécessaire d'autoriser ladite acquisition, même de remédier à plusieurs entreprises faites par différents particuliers et de leur autorité privée, tant sur le terrain commun que sur celui dépendant des bains, construction de saillies, escaliers, latrines et autres semblables bâtiments difformes et irréguliers qui rétrécissent les passages et rues, et rendent ce lieu non-seulement désagréable, mais très-incommode; même de faire remplacer les maisons dont la démolition est ordonnée pour la construction dudit corps de caserne et chapelle, par l'édification de nouveaux bâtiments, aux endroits qui s'y trouveront propres, au nord et midi dudit hameau, ce qui est d'autant plus important, qu'outre que le hameau de Baréges est très-serré et ne contient que très-peu de logements, qui ne suffisent pas au grand nombre de malades qui s'y rendent de tous côtés pour chercher leur guérison, ces constructions sont indispensables pour mettre les bains à couvert des avalanches des neiges dont ils ont été plusieurs fois endommagés ; d'empêcher l'arrosement des prés le long de la montagne, au-dessus dudit hameau, du côté du midi et du grand chemin, dont les eaux altèrent, par leur mélange, la qualité des eaux chaudes, ainsi que la coupe et dégradation des arbres et bois qui sont au-dessus de la muraille en pierres sèches, construite du côté du midi, par ordre de Sa Majesté, lesquels retiennent les terres et empêchent les coulées et ravins qui ont souvent endommagé lesdits bains et hameau ; vu lesdits trois contrats d'acquisition desdites trois maisons, etc.; ensemble l'avis, etc.;

Sa Majesté, étant en son Conseil, a autorisé et autorise lesdits trois contrats d'acquisition desdites trois maisons, faits au nom de Sa Majesté par le sieur Périer, subdélégué du sieur de Lesseville, en la province de Bigorre, du 9 Avril 1731, moyennant ladite somme de 2,650 livres ; desquels trois contrats les expéditions demeureront annexées à la minute du présent arrêt. En conséquence, ordonne que les propriétaires d'icelles en seront payés, chacun pour ce qui le concerne, sur les ordonnances du sieur de Pomereu, par le Trésorier de l'extraordinaire des guerres en exercice, et lesdits paiements passés et alloués en la dépense des comptes dudit Trésorier sans difficulté, en rapportant par lui copie du présent arrêt ; ensemble lesdites ordonnances et quittances sur ce suffisantes ; ordonne Sa Majesté que, par ledit sieur de Pomereu, ou personne par lui commise, il sera dressé procès-verbal de toutes les saillies, bâtiments, escaliers et latrines construits hors l'alignement des maisons, sur le terrain commun et sur celui des bains, qui seront jugés préjudiciables tant aux voies publiques qu'aux bains, pour être détruits et démolis sur les ordonnances du sieur Intendant, et dans tel délai qu'il jugera à propos de fixer ; fait très-expresses inhibitions et défenses à tous particuliers et propriétaires des terrains de construire, à l'avenir, aucune sorte d'édifice et bâtiments dans ledit hameau, sans la permission par écrit dudit sieur Commissaire départi, et sans l'alignement qui leur en sera donné de son ordre, auquel ils seront obligés de se conformer, à peine de démolir et de 200 livres d'amende, et aux Consuls de la vallée d'en permettre aucune, à peine de 500 livres d'amende, à laquelle ils seront tenus en leur propre et privé nom.

Ordonne, en outre, Sa Majesté que, pour remplacer les maisons qui seront démolies pour l'emplacement du corps de caserne et chapelle, augmenter, autant qu'il est possible, le nombre de celles qui composent ledit hameau, et le mettre, ainsi que les bains, à couvert des avalanches des neiges, qui journellement les endommagent du côté du nord et du midi, les propriétaires des terrains propres à la construction de maisons et bâtiments seront tenus, dans un an pour tout délai, d'y en construire, et, par préférence, dans les emplacements du jardin de Cazeaux, de ceux joignant les bains et la petite maison de Meil, devant les bains, sinon et à faute de ce faire, ledit délai passé, permet à tout particulier d'y en bâtir en leur payant la valeur dudit terrain de gré à gré ou par experts convenus, faute de quoi il en sera nommé d'office par ledit sieur Intendant, lequel, en tout cas, donnera l'alignement desdits bâtiments.

Fait pareillement Sa Majesté très-expresses inhibitions et défenses à toutes sortes de personnes, de quelque qualité et condition qu'elles soient, possédant et cultivant des terres ou prés au-dessus du hameau et du grand chemin allant à Bagnères, de mettre ou faire mettre l'eau des torrents dans les prés pour les arroser, à peine de 500 livres d'amende; comme aussi de couper et de dégrader, en quelque manière et sous quelque prétexte que ce soit, les arbres et bois qui sont au-dessus de la muraille en pierres sèches qui couvre ledit hameau, et le met à l'abri des ravines, à peine de punition corporelle, dont tous les Consuls de ladite vallée seront tenus de dresser des procès-verbaux, pour être aussitôt envoyés au sieur Intendant et Commissaire départi, faire arrêter et emprisonner les contrevenants trouvés en flagrant délit, et, à cet effet, établir des gardes pour y veiller, à peine aussi contre eux de 500 livres d'amende en leur propre et privé nom et sans espérance de répétition sur la communauté.

Enjoint Sa Majesté audit sieur Intendant et Commissaire départi de tenir soigneusement la main à l'exécution du présent arrêt.

Signé : LOUIS.

DÉCRET

QUI PRESCRIT DES MESURES RELATIVES A L'ÉTABLISSEMENT
THERMAL DE BARÉGES.

(Au Palais de St-Cloud , le 30 Prairial an XII.)

NAPOLÉON, Empereur des Français ;
Sur le rapport du Ministre de l'Intérieur ;
Vu l'arrêt du Conseil d'État , du 6 Mai 1732 , concernant
l'établissement thermal de Baréges, département des Hautes-
Pyrénées, et la loi du 29 Floréal an X, relative aux contra-
ventions en matière de grande voirie ;
Le Conseil d'État entendu ;

DÉCRÈTE :

ARTICLE 1er. — Conformément à l'arrêt du Conseil d'État
du 6 Mai 1732 , il est expressément défendu de faire à
l'avenir aucune construction nouvelle dans la commune de
Baréges, sans l'autorisation du Préfet des Hautes-Pyrénées,
et hors l'alignement qui sera donné par lui à cet effet , sous
les peines prescrites par ledit arrêt du Conseil d'État.

ART. 2. — En conformité du même arrêt du Conseil, il est
également défendu à tous propriétaires ou cultivateurs des
terres ou prés situés au-dessus de Baréges et du grand
chemin allant à Bagnères , de mettre ou faire mettre l'eau
des torrents dans les prés pour les arroser, à peine de
500 fr. d'amende ; comme aussi de couper ou dégrader, de
quelque manière et sous quelque prétexte que ce soit, les
arbres et bois qui sont au-dessus de la muraille à pierres

sèches qui couvre le village et le met à l'abri des ravins, sans les autorisations prescrites et sous les peines prévues par la loi.

ART. 3. — Le Préfet des Hautes-Pyrénées proposera au Gouvernement, pour être approuvées dans les formes voulues par les lois, toutes les mesures qu'il croira utile pour prescrire et imposer aux communes de la vallée de Baréges, et aux particuliers qui ont défriché les montagnes environnant les bains et le village de Baréges, tous les semis, toutes les replantations d'arbres, toutes les prohibitions d'arrosements, de dépaissance, de nouveaux défrichements et tous les travaux et prestations qui seront jugés nécessaires pour empêcher la formation des ravins et des avalanches et assurer la conservation de l'établissement thermal, après avoir pris l'avis desdites communes.

ART. 4. — Les contraventions au présent décret seront constatées dans les formes prescrites par la loi du 29 Floréal an X, par les Maires ou Adjoints, les Ingénieurs des Ponts et Chaussées, leurs conducteurs, le commissaire de police de Baréges, les médecins-inspecteurs des eaux, la gendarmerie, et par tous les fonctionnaires dûment assermentés; il sera statué définitivement sur lesdites contraventions en Conseil de Préfecture, conformément à ladite loi ; et les arrêtés seront exécutoires, ainsi qu'il est prescrit en l'article 4 de cette loi.

ART. 5. — Le Ministre de l'Intérieur est chargé de l'exécution du présent décret, qui sera inséré au *Bulletin des lois.*

NAPOLÉON.

Par l'Empereur:

Le Secrétaire d'État,

Signé: Hugues B. MARET.

ANNEXE B.

CORPS LÉGISLATIF.

Séance du Jeudi 22 Mai 1856.

Présidence de M. REVEIL, *Vice-Président.*

L'ordre du jour appelle la discussion (1) sur le projet de loi ayant pour objet d'assurer la conservation et l'aménagement de sources d'eaux minérales, projet de loi qui a été amendé d'accord par la Commission et le Conseil d'État.

MM. VUILLEFROY, président de section, Michel CHEVALIER et HEURTIER, Conseillers d'État, siégent au banc des Commissaires du Gouvernement.

M. MILLET a la parole contre le projet de loi. Il dit que si les projets et propositions soumis aux Chambres entre les années 1837 et 1847, sur cette question des eaux thermales, n'ont pu parvenir à être transformés en lois, c'est qu'ils ont

---

(1) Cette intéressante discussion met en relief l'esprit des dispositions les plus importantes et les plus délicates de la loi du 14 Juillet 1856. Pour une étude plus complète, il faudrait se reporter à l'exposé des motifs, inséré au *Moniteur* du 26 Août 1855, page 916, et aussi au rapport de M. LÉLUT, au Corps Législatif, qu'on trouvera au *Moniteur* du 15 Mai 1856, annexe II, p. 32.

La loi elle-même est au *Moniteur* du 21 Juillet 1856. Il n'a pas paru utile de la reproduire ici, ses dispositions ayant dû entrer en entier dans le *Répertoire de la législation sur les eaux minérales*, où il sera facile de les consulter.

rencontré un insurmontable écueil dans le droit de propriété, droit inviolable, fondamental, éminemment constitutionnel. Le projet de loi actuel sauvegarde-t-il mieux le droit de propriété? L'orateur ne le croit pas; il pense que si ce projet était voté par le Corps Législatif, le devoir du Sénat serait de s'opposer à la promulgation, en se fondant sur l'atteinte portée à l'inviolabilité de la propriété.

La propriété, c'est le droit de jouir de ce qu'on possède de la manière la plus absolue (art. 544 du Code Napoléon); l'article 545 ajoute qu'on ne peut être contraint à céder sa propriété, sinon pour cause d'utilité publique, et que, dans le cas d'expropriation, une juste et préalable indemnité doit être accordée. Aux termes de l'article 552, la propriété du sol emporte la propriété du dessus et du dessous; on peut à volonté construire et planter au-dessus, construire et fouiller au-dessous. L'article 641 (spécialement applicable à la matière en discussion) porte que celui qui a une source dans son fonds peut en user à sa volonté, c'est-à-dire en changer le cours. L'honorable membre sait qu'il y a certaines exceptions qui modifient ces principes, tout en les confirmant; mais il nie que le droit qu'on veut constituer par le projet de loi rentre dans ces exceptions. Ainsi, aux termes du projet de loi, il ne s'agit pas d'*utilité publique*, mais seulement d'un *intérêt public*. Évidemment les rédacteurs ont dit moins par cette expression que s'ils avaient employé les mots: *utilité publique*, et l'intention qui a dicté cette substitution est facile à comprendre. La condition essentielle de l'indemnité n'existe pas dans le projet, en ce sens qu'aucune indemnité n'est accordée pour les servitudes imposées au profit d'un terrain sur l'autre.

A l'égard des autres modifications que le Code Napoléon apporte au droit de propriété, l'orateur n'en retrouve pas les caractères dans les servitudes résultant du projet de loi, et qui, selon lui, ont pour objet le démembrement, c'est-à-dire l'expropriation partielle de la propriété. Ces servitudes ou prohibitions sont au nombre de trois, et toutes les trois résultent de la création du périmètre de protection ; la première, c'est l'interdiction de pratiquer, sans autorisation préalable, aucun sondage, aucun travail souterrain dans l'étendue de ce périmètre ; il est vrai que le Code Napoléon apporte au droit de fouille des restrictions résultant des lois et règlements sur les mines, mais ces lois consacrent le droit à une indemnité.

La seconde interdiction résultant du projet de loi, c'est celle de faire, sans déclaration préalable, dans l'étendue du périmètre de protection, des fouilles et tranchées quelconques. C'est là une disposition beaucoup trop sévère aux yeux de l'orateur, car, selon lui, elle pourrait avoir pour effet d'empêcher même de planter ou d'arracher un arbre, même de faire un essai très-restreint de drainage. La nécessité de faire une déclaration sera, dans l'opinion de l'honorable membre, une formalité fort gênante pour beaucoup de cultivateurs, dans l'ignorance où ils sont le plus souvent de toute espèce de documents législatifs.

En définitive, l'orateur soutient que les deux interdictions qu'il vient de signaler sont fondées uniquement sur l'intérêt privé, sur l'intérêt des établissements existants, et qui vont être dotés d'un privilége sans qu'il leur en coûte rien, tandis que les propriétaires voisins seront d'abord privés d'un droit réel sans dédommagement, puis grevés de charges nouvelles.

Mais en admettant même qu'il y ait lieu de protéger les établissements existants, l'orateur soutient qu'avant tout, on aurait dû établir le principe de l'indemnité. Pour lui, la difficulté de fixer cette indemnité n'est pas un obstacle sérieux; il pense qu'on aurait pu facilement donner aux propriétaires dont les terrains sont compris dans le périmètre d'un établissement thermal, la faculté de contraindre le propriétaire de cet établissement privilégié à se rendre acquéreur de ces terrains, moyennant une somme que fixerait le jury d'expropriation. Si cette faculté paraissait exorbitante, il faudrait du moins charger le jury d'expropriation de fixer l'indemnité à payer à raison des servitudes imposées.

Reste la troisième charge ou servitude résultant du projet: c'est celle qui est écrite dans l'article 7. Selon l'orateur, elle n'irait à rien moins qu'à donner à un étranger le droit de faire ce qu'il voudrait chez un propriétaire, et malgré celui-ci. Aux termes de l'article 7, le propriétaire d'une source déclarée d'intérêt public a le droit de faire dans le terrain d'autrui, à l'exception des maisons d'habitation et des cours attenantes, tous les travaux de captage et d'aménagement nécessaires pour la conservation, la conduite et la distribution des eaux, lorsqu'il y a eu autorisation donnée par le Ministre des Travaux publics. Si le champ occupé est la seule ressource de son propriétaire, celui-ci vivra, comme il pourra, en attendant le règlement de l'indemnité. L'occupation pourra se prolonger au-delà d'une année (art. 9 du projet); elle pourra être indéfinie; le propriétaire, quelle que soit sa position, devra attendre que l'indemnité puisse être judiciairement liquidée.

Aux termes de l'article 9 du projet, le propriétaire du terrain

10

occupé ou dénaturé peut contraindre, dans deux cas, le propriétaire de la source à se rendre acquéreur de ce terrain. Mais, selon l'orateur, ce n'est point assez; il croit que le droit devrait être absolu; le propriétaire du terrain occupé ou dénaturé ne devrait pas être contraint à plaider et à subir toutes les lenteurs et tous les frais inséparables d'une instance judiciaire.

Quant aux peines édictées par l'article 13 du projet, l'honorable membre les croit trop élevées. La répression, selon lui, aurait dû se borner à des amendes de simple police, car les faits ne sauraient avoir le caractère de débats correctionnels.

Dans le dernier article du projet, il est dit que le décret du 8 Mars 1848 continuera d'avoir son effet jusqu'au commencement de 1857, pour tous les établissements qui n'auraient pas été déclarés d'intérêt public avant cette époque. L'honorable Membre ne veut, en terminant, dire qu'un mot à l'égard de ce décret; il pense qu'il y a urgence de faire disparaître de nos lois cette mesure dictatoriale, incomplète et mal définie comme la plupart de celles qui datent de cette époque.

M. LÉLUT, Rapporteur, répond que la Commission pensait bien que les principales critiques qui s'élèveraient contre le projet de loi seraient présentées au nom et dans l'intérêt de la propriété. La Commission s'est beaucoup préoccupée elle-même de la protection qui est due à la propriété; mais elle s'est demandé de quelle nature était la propriété que réglemente le projet de loi. Il s'agit de la propriété de l'eau, non pas seulement de l'eau qui coule à la surface du sol, mais de l'eau souterraine, et, parmi les eaux souterraines, d'une eau spéciale, l'eau minérale sur laquelle pesait déjà une sorte d'interdit.

Le préopinant a invoqué l'article 552 du Code Napoléon, d'après lequel le propriétaire d'un terrain a le droit de faire au-dessous ce qu'il peut faire au-dessus, et il a, en conséquence, revendiqué pour ce propriétaire le droit de faire des fouilles.

M. le Rapporteur fait observer qu'à côté de l'article 552, il faut placer l'article 664 du Code Napoléon qui donne au propriétaire d'un terrain situé au bord d'une eau courante, le droit de s'en servir pour faire des irrigations, mais à la condition de la rendre à son cours ordinaire au sortir de l'héritage traversé. Cela implique, relativement à la propriété souterraine, l'interdiction, pour un propriétaire, de faire des fouilles qui pourraient porter atteinte à d'autres propriétés non moins respectables que la sienne.

M. le Rapporteur cite comme exemple l'établissement de Vichy, établissement très-considérable, très-ancien, appartenant à l'État, et autour duquel toute une ville s'est fondée. Évidemment, les capitaux qui ont été ainsi employés ont dû compter sur la permanence de ces sources thermales. Peut-on permettre à un propriétaire voisin, qui ferait des fouilles sur son terrain, de compromettre ces sources, et de troubler ainsi des propriétés qui méritent tout autant que la sienne d'être protégées? Ce qu'un voisin aurait fait, un autre, d'ailleurs, ne pourrait-il pas le faire également au préjudice du premier, et ainsi de suite à l'infini, jusqu'à l'extinction peut-être de la source? Il y a là, selon M. le Rapporteur, quelque chose qui montre que la propriété du sous-sol, et particulièrement du sous-sol thermal, n'est pas de la même nature que les autres propriétés; cela est si vrai, que le décret de Floréal an VII et l'ordonnan e du

18 Juin 1823 ne permettent au propriétaire d'une eau minérale d'en faire usage qu'autant qu'il aura été autorisé à la distribuer. C'est là une restriction évidente au droit de propriété.

Le préopinant a fait la critique de l'article 7 du projet de loi, en disant que cet article créait un privilége exorbitant qui n'avait pas existé jusqu'ici. M. le Rapporteur rappelle que, déjà plusieurs fois, des projets de loi sur cette matière ont été présentés aux Chambres; or, dans ces divers projets, il y avait cette circonstance que le travail de captage et d'aménagement des eaux pouvait se faire, non-seulement dans tous les terrains du périmètre de protection, mais encore dans les habitations et les cours attenantes. Le projet nouveau restreint ce droit trop étendu.

En outre, dans tous les projets antérieurs, le droit d'expropriation était accordé au propriétaire d'une source. Le projet nouveau, au contraire, transporte au propriétaire du terrain voisin, dont la propriété aurait souffert de ce voisinage, le droit de réclamer l'expropriation. C'est là certainement un témoignage de respect donné à la propriété.

Quant à la question d'indemnité, M. le Rapporteur s'en réfère aux explications qui sont consignées dans le rapport. Il s'agit ici d'une propriété tout spéciale, de celle de l'eau qui coule, propriété difficile à apprécier, et pour laquelle il est impossible de faire ce qui a été fait pour la houille, par exemple. La houille a une valeur incontestée; les sondages faits dans un terrain houiller ne peuvent amener chez celui qui les fait la propriété du voisin. Il n'en est pas de même des sondages opérés dans un terrain voisin d'une source. Il n'y a donc pas d'assimilation possible, et la redevance de dépossession qui a pu être établie dans le premier cas ne saurait l'être dans le second. D'ailleurs, la valeur des eaux thermales, à part quelques sources privilégiées, est peu considérable, et l'indemnité ruinerait les établissements qui auraient à la payer.

Le préopinant a trouvé exorbitantes les peines édictées dans le projet de loi ; M. le Rapporteur fait obverver que, dans les projets antérieurs, les peines étaient beaucoup plus sévères ; l'amende allait de 500 fr. jusqu'à 2,000 fr., et quelquefois même il pouvait y avoir condamnation à la prison. Dans le projet actuel, la peine n'est que de 16 fr. à 500 fr., et l'emprisonnement n'est jamais prononcé. L'article 463 du Code pénal est, en outre, applicable. Il y a là des atténuations importantes.

M. le Rapporteur demande donc que le projet de loi soit voté si l'on veut protéger les sources utiles à la santé publique; il lui paraît difficile de sauvegarder un grand intérêt à moins de frais et en respectant davantage la propriété privée.

M. Desmaroux de Gaulmin demande à ajouter, à ce qui vient d'être dit par M. le Rapporteur, une raison qui lui paraît expliquer pourquoi il n'est pas accordé d'indemnité au propriétaire dont le terrain est situé dans le périmètre de protection : c'est qu'il n'est pas fait de concession d'eaux dans ce périmètre ; on se borne à y établir la source privilégiée, puis on interdit les sondages qui pourraient nuire à cette source. C'est une simple servitude qui est imposée aux propriétaires voisins; elle n'ôte pas le droit de propriété du sous-sol minéral ; elle ne fait que limiter l'exercice de ce droit en interdisant l'exercice du droit de sondage sans l'autorisation de l'Administration. Il y a, selon l'honorable Membre, une

grande différence entre supprimer un droit et en restreindre
l'exercice. C'est là une distinction capitale aux yeux des jurisconsultes. Ici, le droit du propriétaire subsiste quant aux
sondages, seulement il n'en peut être fait usage sans l'autorisation de l'Administration.

La déclaration d'intérêt public, appliquée à une source,
entraîne deux conséquences : pour le propriétaire de terrains
situés dans le périmètre de protection, l'interdiction de faire
des sondages ; et pour le propriétaire de la source, le droit
de la suivre dans les terrains qui l'entourent et de faire des
travaux de captage. Il faut, selon l'orateur, admettre cette
double servitude si l'on veut pourvoir à la conservation des
sources minérales.

La Commission s'est préoccupée, au premier chef, de
l'intérêt de la propriété privée ; elle n'a pas même voulu
adopter l'expression d'*utilité publique,* qui pouvait entraîner
des conséquences qu'elle n'eût pas admises ; elle s'est bornée
à créer une simple servitude. Loin d'avoir sacrifié la propriété
privée, comme M. MILLET lui a reproché de l'avoir fait, la
Commission s'est étudiée, au contraire, à la protéger ; elle
a retourné, selon une heureuse expression du rapport, le
droit d'invoquer la loi de 1811 qu'elle a retiré au propriétaire de la source, pour le conférer au propriétaire des
terrains situés dans le périmètre de protection ; lequel aura
le droit d'exiger sa propre expropriation. Elle a imposé, aux
terrains situés dans ce périmètre, les deux seules servitudes
qui fussent indispensables pour conserver les sources d'eaux
minérales : la défense d'opérer des sondages dans le périmètre, et le droit, pour le propriétaire d'une source, de la
suivre chez le voisin et de la ramener dans l'établissement
thermal.

Le projet primitivement présenté par le Gouvernement voulait qu'il fût interdit, au propriétaire de terrains situés dans le périmètre, de faire des fouilles à ciel ouvert; la Commission a demandé que cette disposition fût modifiée, parce qu'il lui a paru que, dans les fouilles à ciel ouvert, il était toujours facile de remédier, avec le béton, aux dommages qui pourraient être causés à la source privilégiée. Cette modification a été adoptée. Il suffira, dans ce cas, d'avertir préalablement l'Administration. On aura donc toujours le droit de faire, par exemple, des travaux de drainage; seulement, si, dans ces travaux, on rencontre une source, et qu'il soit constaté que cette découverte a pour résultat d'altérer la source privilégiée, on pourra être forcé de suspendre les travaux.

M. VUILLEFROY, *Président de section, Commissaire du Gouvernement*, déclare que le reproche adressé au projet de loi de porter atteinte à la propriété le toucherait beaucoup s'il était fondé; mais il ne pense pas que les appréhensions de M. MILLET, à cet égard, soient, en aucune façon, justifiées. L'orateur se réfère, sur ce point, à ce qui vient d'être dit par M. le Rapporteur et par un autre Membre de la Commission; il n'ajoutera qu'un seul mot : c'est que si le principe de la propriété est hautement reconnu par tout le monde, il est également admis que ce principe peut, dans certaines circonstances, recevoir des restrictions motivées par l'intérêt général. Les lois existantes les ont consacrées en grand nombre; toute la question, en ce moment, est de savoir si les exceptions que le projet de loi propose de faire au principe absolu de la propriété, en faveur des eaux minérales, sont suffisamment motivées.

L'orateur rappelle que déjà, il y a plusieurs années, des projets reposant sur le même principe que la loi en discussion ont été présentés et ont été successivement votés dans les deux Chambres. Il est vrai que ces projets n'ont pas pris définitivement place dans la législation; mais il ne faut pas oublier que, s'ils ne figurent pas au *Bulletin des lois*, il y a, dans ce Recueil officiel, un décret du 8 Mars 1818 qui a complétement transformé la situation. M. le Commissaire du Gouvernement fait remarquer qu'en effet il ne s'agit plus aujourd'hui de créer des servitudes pour la conservation des eaux thermales; ces servitudes existent depuis 1818 et pèsent même, dans certains cas, d'une manière trop grave sur la propriété: c'est là un des motifs de la présentation du projet de loi, dont le principal objet est, en réalité, de modifier la rigueur de quelques dispositions du décret de 1818. Ainsi, ce décret établit au profit de tout établissement thermal autorisé (et ils ne peuvent pas exister sans autorisation) une servitude qui interdit, dans un rayon de mille mètres, toute fouille ou sondage. Évidemment, à cet égard, le projet en discussion restreint la servitude; il est plus favorable à la liberté.

L'organe du Gouvernement appelle l'attention de la Chambre sur ce point, qu'aux termes du projet de loi, le périmètre de protection existera, non pour toutes les sources, mais seulement pour celles qui seront reconnues d'intérêt public; même alors, le périmètre sera restreint à des limites presque toujours beaucoup moins étendues que celles fixées par le décret de 1818.

Sans nier l'intérêt légitime qui peut s'attacher aux propriétaires des fonds voisins des sources thermales, l'orateur dit que la servitude dont ces fonds sont grevés n'est pas sans

compensation, car c'est surtout à l'existence des eaux minérales et à l'argent que, chaque année, elles attirent et font
répandre dans le pays, que les propriétés environnantes
doivent la plus grande partie de leur valeur, de telle sorte
que les propriétaires trouvent un grand avantage dans le
voisinage même qu'on semble considérer comme devant leur
être fatal.

M. Miller dit qu'il ne conteste pas l'opportunité des
servitudes que le projet de loi a pour objet de consacrer; ce
qu'il conteste, c'est qu'on puisse les établir sans indemniser
les propriétaires du sol. Il voudrait trouver inscrit dans la loi
le principe de cette indemnité, dont le jury serait chargé de
fixer le chiffre en tenant compte des avantages résultant du
voisinage de l'établissement thermal. Ces avantages, selon
lui, pourraient bien quelquefois, dans une certaine proportion, compenser les charges résultant de la servitude pour
les propriétés limitrophes, mais non pour celles qui en sont
plus éloignées.

En ce qui concerne le décret du 8 Mars 1848, l'orateur
ne pense pas qu'on puisse tirer argument de ses dispositions.
Il soutient que ce décret manque de sanction, et que son
application serait fort contestable devant les Tribunaux. Le
caractère du projet actuel est tout autre, et c'est par ce
motif que l'honorable Membre voudrait y voir insérer des
dispositions propres, selon lui, à sauvegarder le droit de
propriété.

M. le Baron de Ravinel est d'avis que le décret de 1848
était attentatoire au droit de propriété; la loi actuelle a pour
but de remédier au vice de cette mesure dictatoriale. L'orateur s'étonne que M. le Rapporteur, qui reconnaît en prin-

cipe le droit à une indemnité pour le propriétaire du fonds
grevé de servitude, se refuse à l'application de ce principe,
par le motif que souvent le chiffre de cette indemnité serait
trop peu considérable. Dans l'opinion de l'honorable Membre,
quel que puisse être le chiffre, il importe que le principe
soit consacré par une disposition insérée dans la loi ; l'application sera ensuite l'affaire du jury. L'orateur termine
en déclarant que, tout en considérant la loi comme bonne
à tous les autres points de vue, il n'en votera pas l'adoption,
par ce seul motif que le jury n'est pas appelé à fixer des
indemnités au profit des fonds frappés de servitude.

M. Heurtier, Commissaire du Gouvernement, rappelle
les dispositions des articles 649 et 650 du Code Napoléon,
qui reconnaissent des servitudes légales, ayant pour objet
l'utilité publique, et soumises à des lois et à des règlements
particuliers. C'est donc à tort, selon lui, qu'on a combattu,
comme portant atteinte au droit de propriété, un projet qui
n'est qu'une application du principe posé dans ces deux
articles. Au nombre des autres applications qui en sont
faites tous les jours, M. le Commissaire du Gouvernement
cite ce qui a lieu pour les alignements, par exemple. Les
alignements constituent une véritable servitude ; mais comme
il n'y a pas dépossession du propriétaire, il n'est accordé,
dans ce cas, aucune indemnité. En ce qui concerne la loi
en discussion, toutes les fois que la servitude établie sur
les fonds voisins restera à l'état latent, il n'y aura pas lieu
à indemnité ; mais s'il y a dépossession, à l'instant même
s'ouvrira un droit à une indemnité qui, dans le cas d'occupation temporaire, sera réglée par les Tribunaux, et qui,
si l'occupation équivaut à une dépossession définitive, sera
renvoyée à l'appréciation du jury.

L'orateur invoque encore comme exemple ce qui a lieu pour la servitude des zones frontières et pour les servitudes militaires qui ne donnent ouverture à aucune indemnité au profit des propriétaires des fonds assujettis.

La clôture de la discussion générale est prononcée.

M. LE PRÉSIDENT donne successivement lecture des articles du projet dont la rédaction a été modifiée d'accord par la Commission et par le Conseil d'État.

Les huit premiers articles sont adoptés.

M. le baron de RAVINEL demande une explication à l'occasion de l'article 9 portant que, lorsque l'occupation d'un terrain compris dans le périmètre de protection aura enlevé au propriétaire la jouissance du revenu au-delà d'une année, celui-ci pourra exiger que le propriétaire de la source lui achète son terrain moyennant une indemnité qui sera fixée par le jury. L'honorable Membre désire savoir quel sera le droit du propriétaire du fonds, si l'occupation a duré moins d'une année.

M. HEURTIER, Commissaire du Gouvernement, fait observer que cette disposition est textuellement empruntée à la loi du 21 Avril 1810 sur les Mines.

M. VUILLEFROY, Commissaire du Gouvernement, dit qu'il ne s'agit, dans l'article 9, que de l'occupation qui aura duré plus d'une année, ou qui aura changé la nature du fonds; dans ce cas, le propriétaire du fonds occupé a droit d'exiger qu'on le lui achète. Mais il ne résulte pas de cet article qu'une occupation de moins d'une année ne puisse pas donner lieu à une indemnité; l'article 10 établit, au contraire, le principe de l'indemnité pour tous les cas d'occupation, quelle qu'en soit la durée; les travaux, n'eussent-ils duré que deux heures, ne donnent pas moins droit à une indemnité qui sera fixée par les Tribunaux.

L'article 9 est mis aux voix et adopté ; les articles 10 et 11 le sont également.

L'article 12 est ainsi conçu: « Si une source d'eau minérale, déclarée d'intérêt public, est exploitée d'une manière qui en compromette la conservation, ou si l'exploitation ne satisfait pas aux besoins de la santé publique, un décret Impérial, délibéré en Conseil d'État, peut autoriser l'expropriation de la source et de ses dépendances nécessaires à l'exploitation, dans les formes réglées par la loi du 3 Mai 1841. »

M. AYMÉ trouve que le projet de loi mérite, jusqu'à un certain point, le reproche qu'on lui adresse de consacrer une sorte de démembrement de la propriété; il en votera néanmoins l'adoption. En ce qui concerne la disposition spéciale de l'article 12, il est d'avis que, si la source est exploitée d'une manière qui en compromette la conservation, le propriétaire puisse être dépossédé; mais l'orateur désire quelques explications sur ce que l'on entend par ces mots : « si l'exploitation ne satisfait pas aux besoins de la santé publique. »

M. LÉLUT dit que s'il y a, dans la loi, un article qui soit nécessaire, c'est évidemment l'article 12. En présence du privilége accordé aux propriétaires des sources thermales, il faut des garanties contre la possibilité d'une mauvaise gestion de leur part. Leurs obligations, en ce qui concerne les besoins de la santé publique, sont déterminées par une ordonnance du 18 Juin 1823, dans laquelle sont énumérées les conditions de l'exploitation des eaux; si le propriétaire ne les aménage pas convenablement, s'il n'a pas le nombre nécessaire de baignoires et de piscines, il tombera sous l'application de l'article 12.

M. AYMÉ rappelle qu'aux termes de l'article 19, qui va être voté, divers règlements d'administration publique deviendront nécessaires; il demande que ces règlements précisent ce qu'il faut entendre par ces mots : « les besoins de la santé publique ; » il importe que les propriétaires d'eaux minérales connaissent exactement et à l'avance les dispositions dont l'inexécution pourrait faire prononcer contre eux l'application de l'article 12; il ne faut pas qu'ils soient pris à l'improviste.

M. LÉLUT répond que l'article 12 exige, pour la dépossession, un décret Impérial, ce qui est assurément une garantie suffisante.

M. Michel CHEVALIER, Commissaire du Gouvernement, ajoute que l'expropriation, s'il y avait à la prononcer, aurait lieu d'après les formes prescrites par la loi de 1841, formes tout-à-fait conservatrices, et qui exigent des enquêtes minutieuses. De cette manière, un excès de pouvoir, un acte d'arbitraire restent en dehors de toute prévision législative.

L'article 12 est adopté ainsi que le surplus du projet de loi.

L'ensemble de ce projet est adopté au scrutin, à la majorité de 231 suffrages contre 6, sur 237 votants.

(*Moniteur* du 24 Mai 1856.)

ANNEXE C.

Académie royale de Médecine.

INSTRUCTION
SUR LE PUISEMENT ET L'ENVOI DES EAUX MINÉRALES.

Par une lettre ministérielle, en date du 20 Août dernier,
M. le Ministre de l'Agriculture et du Commerce a fait demander,
à l'Académie royale de médecine, une instruction relative au
puisement et à l'envoi de toutes les eaux minérales qui
doivent être soumises à l'analyse, afin d'en connaître la composition chimique, et pour suppléer, dans les cas où il est
impossible de se rendre aux sources mêmes, pour faire ces
analyses.

Il n'est pas toujours possible, on le sait, d'effectuer, aux
sources mêmes, l'analyse des eaux minérales, soit parce que
des obstacles nombreux s'y opposent, soit parce que la déter-
mination rigoureuse de certains principes ne saurait avoir
lieu que dans des laboratoires munis d'instruments de pré-
cision difficiles à transporter. Il devient donc utile alors
d'opérer sur les eaux loin de leurs points d'émergence ; de
là la nécessité d'expédier les eaux minérales aux chimistes
chargés du soin de les analyser. Pour remplir cette condition
avec tous les soins qu'elle mérite, voici, Messieurs, l'instruction que la Commission des eaux minérales vient soumettre à votre jugement, instruction que le Ministre de
l'Agriculture et du Commerce devra adresser aux divers

Inspecteurs et propriétaires d'eaux minérales, pour les diriger dans le puisement et le transport de celles qu'on jugera utile de faire analyser.

ARTICLE 1er.

Certificats de puisement.

Un puisement d'eau minérale ne saurait avoir de caractère légal qu'autant qu'il aura été opéré en présence des autorités (Maires, Adjoints, etc.) de l'endroit où sourdent les sources. De plus, ces certificats doivent être toujours joints à l'envoi des eaux minérales.

ART. 2.

Époque des puisements.

Pour opérer le puisement d'une eau minérale, il faut toujours agir par un beau temps, et dans une saison sèche éloignée de l'époque des pluies ou de la fonte des neiges. Les mois les plus favorables sont ceux de Juin, Juillet, Août, Septembre, Octobre, et quelquefois même Novembre, si l'automne n'a pas été pluvieux.

Pour les eaux gazeuses, le matin convient aussi mieux que l'heure de la journée où la chaleur est plus forte.

ART. 3.

Renseignements qui doivent accompagner l'envoi des eaux.

Aux certificats de puisement, il sera essentiel de joindre des renseignements précis sur la disposition des sources et sur leur abondance, sur la température des eaux à diverses heures de la journée, enfin sur la nature du terrain d'où

elles sourdent ou qui les environne. On notera particulièrement, en outre, s'il se dégage des gaz au bouillon, et si l'eau
présente, soit des conferves à la surface ou au fond des bassins , soit des dépôts sur les divers points de son trajet.

ART. 4.

Quantité d'eau à expédier.

Afin que l'Académie puisse exécuter l'analyse complète
d'une eau minérale, il est indispensable d'expédier toujours
quinze à vingt litres de liquide, surtout si les principes mi-
néralisateurs y paraissent nombreux et variés; et, s'il y a
plusieurs sources , au moins dix litres de chacune d'elles.

ART. 5.

Choix des vases et des bouchons.

Il faut prendre, pour l'expédition des eaux, des bouteilles
en verre noir *parfaitement propres* et lavées avec l'eau des
sources, puis ne faire usage que de bouchons *neufs* préalablement trempés pendant plusieurs jours dans l'eau minérale elle-même.

Nota. — On peut aussi faire à l'avance chauffer ces bouchons dans de la cire ou de l'huile chaude, afin de préserver
le liége du contact direct de certains principes minéralisa-
teurs, ou enfin placer une feuille d'étain entre le liquide et
le bouchon.

ART. 6.

Mode de puisement et soins à apporter dans cette opération.

Si la disposition des sources et si la température du
liquide le permettent , on doit faire le puisement en tenant à

à plusieurs pouces la bouteille renversée, et en la redressant immédiatement au-dessous de la superficie du liquide.

Si cette eau, au contraire, est trop chaude, et si la disposition de la source ou du puits est trop profonde, on agira de la manière suivante : la bouteille sera maintenue à son fond A et à son goulot B par deux cordes. A la partie B, on assujettira un poids qui permettra au vase d'être immergé dans la source en sens inverse. Lorsqu'il sera plongé convenablement à l'aide de la corde A, on le redressera en tirant celle-ci à soi ; cela fait, on le laissera se remplir complétement.

Quand les sources sont peu profondes ou d'un difficile accès, ne pourrait-on pas y puiser l'eau à l'aide d'une pompe aspirante en verre ou étamée, munie d'un tube allongé de petit diamètre?

Dans l'un et l'autre cas, on aura soin de ne jamais plonger les bouteilles jusqu'au fond des sources, pour éviter d'agiter le limon qui s'y trouve et de le mettre en suspension, ce qui troublerait la limpidité de l'eau minérale.

Art. 7.

Précautions pour les eaux froides et chaudes.

Eaux froides. — Lorsque les eaux sont froides, ou lorsqu'elles n'ont qu'une température de 20 à 25° cent., on peut, aussitôt après le puisement, opérer le *bouchage* avec les soins convenables, c'est-à-dire avec les bouchons neufs trempés à l'avance dans l'eau minérale, et assez justes pour n'entrer dans le goulot qu'à l'aide d'une certaine pression ; mais si les eaux ont une température assez élevée, il faut agir autrement.

11

Eaux chaudes. — Après avoir préalablement échauffé les bouteilles en les plongeant dans l'eau des sources, on les remplira du liquide; avant de les boucher, on les laissera refroidir à l'abri du contact de l'air, en les bouchant d'abord imparfaitement, et les plaçant dans un baquet rempli à l'avance d'eau minérale, à quelques pouces au-dessus de la surface du liquide, et jusqu'à complet refroidissement; après quoi on achèvera le bouchage de la manière indiquée ci-dessus.

ART. 8.

Soins particuliers pour diverses espèces d'eaux minérales.

Quelques espèces d'eaux minérales exigent des soins particuliers pour être mises en bouteilles.

1° Ainsi, pour les eaux *sulfureuses*, il faut remplir presque *complétement* les bouteilles, afin de laisser dans le vase le moins d'air possible.

2° Pour les eaux *ferrugineuses*, on prendra le même soin, et on fera usage de bouteilles en verre noir de préférence, la lumière contribuant à décomposer rapidement certaines eaux de ce genre. Pour cette espèce, on se servira de bouchons qu'on aura abandonnés pendant quelques jours dans la source.

3° Les eaux *acidules* ou *alcalines gazeuses* seront un instant exposées à l'air avant d'être bouchées; le bouchon devra être ensuite assujetti au moyen d'un fil de fer ou d'une capsule métallique solidement adaptée.

4° Quant aux eaux *salines*, naturellement peu gazeuses et moins altérables à l'air, il suffira de les renfermer dans des bouteilles de verre ou dans des cruchons faits d'un grès non poreux, recouvert d'un bon vernis à l'intérieur et à l'extérieur, puis bouchées toujours très-exactement (1).

Art. 9.

Goudronnage ou capsulage des bouteilles.

Les vases ainsi remplis et bouchés, on doit, afin de prévenir l'altération du liége et remédier à sa porosité, le recouvrir de quelques enduits particuliers ; c'est l'opération qui porte le nom de goudronnage. Elle s'effectue en faisant fondre à une douce chaleur des mastics (composés de poix-résine, de cire, de térébenthine, etc.), et y plongeant le bouchon jusqu'à la naissance du col de la bouteille, retirant et laissant refroidir. Le mastic ne doit pas être trop chaud, mais presque pâteux, et le bouchon recouvert préalablement d'une espèce de *calotte* de toile fine ou de peau amincie. On remplace avantageusement le mastic par les capsules métalliques qu'on adapte à l'aide d'un appareil approprié. A défaut de mastic (dit goudron), on pourra faire usage de cire jaune ramollie par un peu de graisse ordinaire.

Art. 10.

Substances accessoires aux eaux, qu'il sera bon de joindre à l'expédition de ces dernières.

Dans certaines eaux, du genre de celles dites *sulfureuses* surtout, et *alcalines*, on remarque la production plus ou

(1) Voyez au Bulletin de l'Académie nationale de médecine, t. XVII, pag. 115, la note de M. Ossian Henry, « Sur un moyen de puiser et d'embouteiller les eaux minérales naturelles, pour les expédier au loin intactes. »

moins abondante de diverses *conferves* ou de matières ayant l'apparence des glaires, formées par des principes particuliers. Ces substances devront être jointes à l'envoi des eaux et expédiées dans des bouteilles remplies de l'eau minérale qui les a fournies. Il existe aux sources *ferrugineuses*, dans les bassins et le long des conduits, des dépôts rougeâtres, dont une partie devra être envoyée également dans des flacons. Enfin on n'omettra pas de joindre à ces expéditions quelques fragments des roches d'où sourdent les sources.

Art. 11.

Essais à faire aux sources par les personnes préposées à leur conservation ou par les hommes de l'art.

Comme il est souvent très-important d'apprécier, aux sources mêmes, la proportion de certains principes *fugaces* ou facilement *altérables*, tels que ceux qui sont de *nature sulfureuse*, il sera bon, *d'une part*, d'ajouter, dans deux ou trois des bouteilles, *deux grammes de nitrate d'argent cristallisé*, avec des étiquettes indiquant cette addition ; *de l'autre*, s'il existe auprès des sources des médecins ou des pharmaciens, on fera plusieurs essais avec le sulfhydromètre de M. Dupasquier, en variant les épreuves à plusieurs époques de la journée. Rappelons, en quelques mots, la manière d'opérer ces essais. Dans 1,000 grammes ou 500 grammes d'eau minérale puisée immédiatement, et mélangée d'une *solution légère* et *récente* d'amidon, on ajoutera, à l'aide de l'instrument (sulfhydromètre), de la teinture d'iode peu ancienne, refroidie à 12° cent., et faite avec *iode pur* sec 2 grammes, et alcool, rectifié à 36°, 1 décilitre (cette teinture doit être bien *homogène*, c'est-à-dire tenir *toute la quantité d'iode* en dissolution). On mêlera la teinture à l'eau minérale, et, au fur et à mesure de chaque affusion, on ajoutera du liquide iodique, jusqu'à ce qu'une teinte *bleue* apparaisse et se *maintienne*. On notera le nombre des divisions de l'instrument qui ont été employées, et si l'opération a été faite sur un demi-litre ou un quart de litre d'eau, on les multipliera par deux ou par quatre.

100 *divisions du sulfhydromètre* correspondent à *acide sulfhydrique* 0^{gr} 1,352 *libre ou combiné*, comme l'analyse le démontrera ultérieurement. Si l'on n'a pas de sulfhydromètre à sa disposition, on pourra toujours opérer comme ci-dessus, en tenant compte très-exactement du *poids de la liqueur iodique précédente* employée à cette expérience.

10 mesures de sulfhydromètre
pèsent en liqueur iodique titrée   4^{gr} 20^3
par conséquent chaque mesure ou   0   42
équivaut à soufre 0^{gr},001273 ou
acide sulhydrique............   0   001350.

Les résultats de ces épreuves sulfhydrométriques seront notés scrupuleusement et annexés aux certificats et aux renseignements demandés.

Art. 12.

Quand tous les soins prescrits dans les précédents articles auront été remplis, il sera indispensable de faire *immédiatement* l'envoi de l'eau minérale dans des caisses bien scellées, afin que le chimiste chargé du soin de l'analyse éprouve le moins de retard possible, et examine l'eau peu de temps après son puisement.

Dans ces envois, il faudra avoir bien soin d'assujettir

convenablement les bouteilles avec de la paille ou du foin, pour éviter les fractures ; et enfin on devra toujours les adresser, *sous le couvert* de M. le Ministre de l'Agriculture et du Commerce, qui les fera transmettre ensuite à l'Académie de médecine, avec les divers documents indiqués précédemment.

Lue et adoptée en séance, le 27 Mai 1845.

Pour copie conforme :

Le Secrétaire perpétuel,

E. PARISET.

ANNEXE D.

COMITÉ CONSULTATIF D'HYGIÈNE PUBLIQUE DE LA FRANCE.

Le Secrétaire-Général du Ministère de l'Agriculture, du Commerce et des Travaux publics, et le Directeur du Commerce intérieur, assistent, avec voix délibérative, aux séances du Comité.

Membres du Comité consultatif.

MM.

RAYER, de l'Académie des sciences, Médecin ordinaire de l'Empereur, Président.

BAUMES, ancien Conseiller d'État.

BUSSY, Directeur de l'École spéciale de pharmacie.

MÉLIER, Membre de l'Académie impériale de médecine, Inspecteur général des Services sanitaires.

ISABELLE, Architecte des Écoles impériales des arts et métiers.

TARDIEU (Ambroise), Membre de l'Académie de Médecine.

VILLE, Professeur au Muséum d'histoire naturelle.

THIRRIA, Inspecteur général des Mines.

DAVENNE, Directeur honoraire de l'Assistance publique.

LECOQ, Inspecteur général des Écoles vétérinaires.

Membre honoraire.

M. ALQUIÉ, Inspecteur des eaux minérales de Vichy.

Fonctionnaires autorisés à assister au Comité, avec voix délibérative.

MM.

LÉVY, du Conseil de santé des armées.

BARBIER, Conseiller d'État, Directeur général des Douanes et des Contributions indirectes.

REYNAUD, Inspecteur général du Service de santé de la marine.

HERBET, Conseiller d'État, Directeur des Consulats et Affaires commerciales au Ministère des Affaires étrangères.

MAURIN, Administrateur des Postes, chargé de la surveillance des exploitations maritimes.

HUSSON, de l'Institut, Directeur de l'Administration générale de l'assistance publique, à Paris.

DUBOIS (d'Amiens), Secrétaire perpétuel de l'Académie impériale de médecine.

FRANÇOIS, Ingénieur en chef des Mines.

Fonctionnaires autorisés à assister aux délibérations du Comité, avec voix consultative.

MM.

VAUDREMER, Chef du Bureau de la police sanitaire et industrielle.

LATOUR (Amédée), Docteur en médecine, Secrétaire.

Baron de VAUFRELAND, Auditeur au Conseil d'État, attaché au Secrétariat du Comité.

CONSEIL GÉNÉRAL DES MINES.

Le Conseil général est présidé par le Ministre de l'Agriculture, du Commerce et des Travaux publics. Le Secrétaire-Général fait partie du Conseil.

Membres du Conseil.

MM.

Elie DE BEAUMONT, Sénateur, de l'Académie des sciences, Inspecteur général de 1re classe, Président.

THIRRIA,
COMBES, de l'Acad. des sciences,
LEVALLOIS, } Inspecteurs généraux de 1re classe.

DE BILLY,
BLAVIER,
DROUOT,
VÈNE,
DE HENNEZEL ; } Inspecteurs généraux de 2me classe.

PIÉRARD, Inspecteur général de 2me classe, Secrétaire, avenue d'Antin, n° 1.

ANNEXE E.

Paris, le 20 Mars 1852.

MONSIEUR LE PRÉFET,

L'article 12 de l'ordonnance du 18 Juin 1823 impose aux Médecins-Inspecteurs des établissements d'eaux minérales l'obligation d'envoyer, chaque année, à mon Ministère, pour être transmis à l'Académie nationale de Médecine, des rapports contenant le résumé des observations qu'ils ont recueillies dans leur service. Pour assurer l'accomplissement de cette obligation, une instruction et des modèles de rapport rédigés par l'Académie ont été envoyés à MM. les Médecins-Inspecteurs, par l'entremise des Préfectures; cet envoi a fait l'objet d'une circulaire ministérielle du 19 Mai 1830.

L'expérience ayant fait reconnaître la nécessité de modifier l'instruction et les modèles de rapport dont il est ici question, l'Académie nationale de Médecine a formulé ses nouvelles vues dans un travail que j'ai adopté après l'avoir communiqué, au point de vue administratif, au Comité consultatif d'hygiène publique.

L'instruction et les cahiers de tableaux que je vous adresse sont le résultat des propositions de l'Académie et du Comité d'hygiène. Veuillez en faire remettre deux exemplaires à chacun des Médecins-Inspecteurs d'eaux minérales de votre département, pour qu'ils puissent en faire emploi dès cette année. Vous y joindrez un exemplaire de la présente circulaire.

Jusqu'à ce jour, les Inspecteurs titulaires avaient seuls été appelés à rédiger des rapports, sauf les cas où ils devaient être accidentellement remplacés par leurs adjoints; mais l'on a reconnu que les Inspecteurs-adjoints pouvaient fournir, pour leur propre compte, des renseignements utiles, et j'ai fait préparer, en conséquence, des cahiers d'observations médicales destinés à ceux d'entre eux qui passent habituellement la saison des eaux dans les établissements auxquels ils appartiennent. S'il y a, dans les établissements thermaux de votre département, des Inspecteurs-adjoints dont la clientèle particulière puisse être un sujet d'études

12

intéressantes pour la science, vous voudrez bien leur remettre deux exemplaires des cahiers relatifs à leur service,
avec un exemplaire de cette circulaire et de l'instruction
rédigée par l'Académie.

Vous remarquerez, Monsieur le Préfet, que les cahiers
destinés aux Inspecteurs titulaires sont disposés de manière
à recevoir, indépendamment des observations médicales individuelles, des renseignements généraux que, par la nature
de leurs attributions, ces Médecins peuvent seuls être appelés à fournir. Ces indications, relatives à la statistique des
établissements, font l'objet des tableaux Nos 1 et 5 du cahier,
et comme elles intéressent particulièrement l'Administration,
MM. les Médecins-Inspecteurs voudront bien en dresser un
double, au moyen de feuilles spéciales dont je vous fais
l'envoi. Ce double devra être joint exactement au rapport
destiné à l'Académie.

Il peut arriver que, dans quelques-uns des établissements
appartenant à des particuliers, MM. les Médecins-Inspecteurs
rencontrent certaines difficultés pour avoir les renseignements qui se rattachent à l'exploitation ; mais les droits
qu'ils tiennent de l'ordonnance du 18 Juin 1823 leur per-
mettant partout de se rendre compte du nombre des malades
et du traitement qu'ils suivent, ces médecins peuvent toujours suppléer par eux-mêmes aux communications qui leur
seraient refusées ; il ne saurait même leur devenir impossible
d'asseoir sur des bases à peu près certaines l'évaluation des
produits annuels de l'établissement confié à leur inspection.
Pour les autres indications statistiques, dont il n'est pas
besoin de démontrer l'utilité, il est permis de croire qu'ils
peuvent compter sur le concours des Autorités locales.

On devra particulièrement s'attacher à faire connaître, en remplissant la troisième colonne du tableau N° 1, dans quel état se trouvent les cabinets de bains, les piscines, les appareils de douches, et à quelles causes il faut attribuer l'inexécution des améliorations reconnues nécessaires. Il importe aussi que, dans la description de l'établissement, on veuille bien donner des détails précis sur le système d'aménagement des eaux, et indiquer quel est le débit de chaque source en vingt-quatre heures, quelle est la distance du point d'émergence aux réservoirs où les eaux minérales sont réunies, et par quels moyens ces eaux sont ensuite élevées ou dirigées dans les diverses parties de l'établissement. On aura, de plus, à faire connaître si, dans leur trajet, les eaux n'éprouvent aucune action qui puisse altérer leur composition chimique, et s'il existe des dispositions qui permettent de mélanger facilement l'eau ordinaire et l'eau minérale, dans les proportions déterminées par les Médecins.

Tous ces détails pouvant exiger des développements assez étendus, il ne sera pas nécessaire qu'on les reproduise chaque année ; mais, les ayant donnés une fois, on pourra se référer, dans les rapports subséquents, à celui qui contiendra la description complète, et se borner à indiquer les modifications, les rectifications ou les additions dont cette première description pourrait être susceptible, par suite de nouveaux travaux ou de nouvelles études. Plusieurs circulaires, et, en dernier lieu, celle du 29 Mars 1851, vous ont fait connaître l'importance que mon Ministère attache à la production exacte et régulière des rapports annuels de MM. les Médecins-Inspecteurs ; veuillez, je vous prie, Monsieur le Préfet, insister auprès d'eux pour qu'ils accomplissent cette obligation essentielle.

S'il existe, dans votre département, des bains de mer de
quelque importance, je vous invite à remettre au Médecin
chargé d'en diriger l'emploi, qu'il ait, ou non, titre officiel
à cet effet, un exemplaire de la présente circulaire, du cahier
destiné aux Inspecteurs-adjoints d'eaux minérales, et de l'instruction dans laquelle l'Académie de Médecine a inséré un
passage concernant les bains de mer. Je ne doute pas que
ces Médecins ne se fassent un devoir de contribuer aux recherches scientifiques de l'Académie, en vous mettant à
même de me transmettre, chaque année, les observations
qu'ils auront recueillies dans leur pratique spéciale.

Recevez, Monsieur le Préfet, l'assurance de ma considé-
ration très-distinguée.

Pour le Ministre :

*Le Conseiller d'État, Directeur de l'Agriculture
et du Commerce,*

Signé : HEURTIER.

NOUVELLE INSTRUCTION

Pour MM. les Médecins-Inspecteurs des eaux minérales.

Les eaux minérales participant à la fois des sciences physiques et des sciences médicales, c'est une étude complexe
qui doit presque tous ses progrès aux applications et au
progrès même des connaissances physico-chimiques; il serait
donc à désirer que MM. les Médecins-Inspecteurs des eaux

minérales se missent surtout en mesure de déterminer d'une manière plus rigoureuse qu'on ne l'a fait jusqu'à présent, ce qui a trait aux questions suivantes.

Température des eaux minérales. — L'usage des thermomètres centigrades devra être préféré ; il dispensera de tout calcul la Commission chargée de résumer et de comparer leurs travaux. Les thermomètres à mercure, comme plus propres à mesurer les températures élevées, sont également préférables aux thermomètres à alcool, surtout quand on étudie des sources d'une haute thermalité. Il serait bon, d'ailleurs, que ces instruments fussent préalablement confrontés avec d'autres thermomètres d'une régularité reconnue, on saurait ainsi positivement, après quelques années d'essai, si la température de certaines sources est sujette à varier. Cette étude de la chaleur inhérente aux eaux thermales devra être évaluée au point d'émergence de la source, dans les bassins, et au robinet des baignoires.

On aura à constater si la source qu'on étudie a toujours porté le nom qu'elle a présentement, ou si elle en a changé ; sans cette précaution, l'on ne saurait prononcer avec exactitude si, d'un siècle à l'autre, une source minérale a éprouvé quelques changements, soit de volume, soit de température, de composition ou d'efficacité.

La constitution chimique des eaux exige, pour être rigoureusement appréciée, des analyses complètes ; la plupart sont aujourd'hui connues : toutefois, on ne saurait avoir trop de renseignements sur la proportion du soufre dans les eaux dites...................................... *sulfureuses ;* la proportion du bi-carbonate de soude dans les eaux...................................... *alcalines ;*

12

la proportion de l'acide carbonique dans
les eaux........................... *gazeuses;*
la proportion du fer dans les eaux........ *ferrugineuses:*
enfin la somme totale des principes fixes
dans les eaux dites..................... *salines.*

Ceux de MM. les Inspecteurs qui pourront se livrer à ces travaux auront le soin de relater la marche expérimentale par eux adoptée, afin qu'on puisse vérifier ultérieurement si les différences qu'ils auront signalées ont eu pour cause leur mode d'expérimenter, ou des variations réellement survenues dans leurs sources.

Enfin, puisque nous parlons de recherches de physique, nous devons recommander à MM. les Inspecteurs de ne point négliger, à l'égard des eaux sulfureuses, l'étude de la barégine, des conferves et sulfuraires qu'on rencontre dans de pareilles sources, non plus qu'aucune des autres recherches qui en compléteraient l'histoire naturelle : ainsi, à l'aide du sulfhydromètre, ils peuvent préciser la quantité du principe sulfureux aux diverses époques de la saison thermale.

Le point le plus important de cette instruction est d'indiquer *la manière la plus convenable de présenter et de résumer les observations recueillies par des Médecins-Inspecteurs dans le service qui leur est confié.* On ne peut disconvenir que les faits individuels relatés depuis plus de vingt ans dans les rapports des Médecins-Inspecteurs, sont tellement incomplets, tellement dépourvus de détails, principalement au point de vue du diagnostic de la maladie, que l'hydrologie minérale n'en a pu retirer presque aucun profit. Pour que ces faits sommaires deviennent profitables à la science, il est d'une nécessité impérieuse que les colonnes qui leur sont destinées dans le cahier-rapport soient élargies et puissent se prêter à tous les développements désirables pour la description de la maladie, l'énumération de ses causes, de ses symptômes et de ses complications. Il est essentiel de réunir par groupes spéciaux tous les faits relatifs à la même maladie, par exemple, aux rhumatismes, aux affections cutanées, aux névroses, etc. .

Pour compléter ces tableaux sommaires, les Médecins-Inspecteurs pourraient consigner, dans un cahier isolé du cadre modèle, une série d'observations individuelles, bien détaillées, du genre de celles dont la pratique des hôpitaux enrichit chaque jour la science. Ces faits auraient pour but de mettre en relief la vertu spéciale de chaque source minérale, et les formes pathologiques où elle réussit le plus constamment. Pour se rendre ce labeur moins pénible, les Médecins-Inspecteurs pourraient ne s'occuper, chaque année, que d'un ordre de maladie, présenter sur ce point, avec conscience, les faits cliniques heureux et défavorables qu'ils ont recueillis dans le cours de leur pratique, et passer ainsi successivement en revue, chacune à son tour, les affections chroniques qu'ils traitent le plus ordinairement. Lorsqu'on aura à mentionner des guérisons incontestables, on les choisira parmi les malades qui se seront bornés au traitement thermal secondé seulement d'une sage hygiène, de préférence à ceux qui n'auraient été soulagés ou guéris qu'après avoir employé, concurremment avec les eaux, des substances pharmaceutiques un peu actives.

L'opinion que les eaux minérales continuent d'agir plusieurs semaines après qu'on a cessé d'en faire usage étant aujourd'hui accréditée, MM. les Inspecteurs devront recueillir avec le plus grand soin les faits positifs qui seraient de nature à confirmer ou à modifier cette croyance.

Si quelques malades ont quitté une source minérale avec l'apparence de la guérison ou d'un soulagement réel, il ne sera pas sans intérêt d'apprendre si cette amélioration ou cette cure s'est maintenue long-temps après le départ des malades, ou bien s'il y a eu rechute ou récidive.

MM. les Médecins-Inspecteurs sont invités très-particulièrement à chercher les moyens de concilier à la classe ouvrière l'usage très-économique, ou même gratuit, des bains thermaux, soit en instituant des piscines où se baigneraient simultanément, et durant de longues heures, un grand nombre de malades du même sexe, soit en multipliant des bains séparés et peu dispendieux, comme ceux qu'on fonde actuellement pour le même objet dans plusieurs villes de la France et de l'Europe : ils devront également s'appliquer, eux si compétents et si expérimentés en pareille matière, à rendre leurs sources respectives de plus en plus accessibles aux malades indigents des grandes cités, et en particulier à ceux de Paris. Ils exposeraient en même temps leurs vues philanthropiques sur les moyens de pourvoir avec épargne au traitement thermal de ces malades.

Nous ne pouvons que répéter, avec l'instruction de 1830, que le travail qui vient d'être exposé sera plus complet et plus profitable à la science s'il est appliqué en même temps, et de la même manière, à l'étude médicale des eaux de mer. A en juger seulement par la nature comme par la quantité de ses principes salins, et par ce qu'on connaît déjà de ses propriétés éminemment excitantes, si favorables à la guérison des affections scrofuleuses, cette eau mérite toute l'attention des praticiens, et doit figurer à côté des eaux minérales les plus énergiques et les plus salutaires : on fera connaître ainsi non-seulement quelles sont les propriétés des eaux de la mer, mais en quoi ces propriétés se rapprochent ou diffèrent de celles des eaux minérales. C'est ainsi que le concours de MM. les Médecins des bains de mer fournira une abondante rétribution de faits exacts et décisifs.

Disons enfin, en terminant, que les eaux-mères des salines ne doivent pas elles-mêmes être négligées, et méritent de fixer l'attention des Médecins établis près de ces usines.

CONFECTION DES TABLEAUX MODÈLES.

Il nous reste à dire quelques mots sur le *cahier-rapport*, tel qu'auront à le remplir MM. les Médecins-Inspecteurs des établissements thermaux.

Les premières pages sont consacrées à l'étude des eaux minérales ; on fera connaître, dans la *première colonne*, la situation des sources, les noms de la commune, du canton, de l'arrondissement et du département ; puis on indiquera :

1° Le nombre et les noms anciens et nouveaux (s'ils ont changé) des sources, des bassins, des piscines ;

2° La température respective des eaux à leur point d'émergence, dans les bassins et au robinet des baignoires, en notant soigneusement la température de l'atmosphère et la pression barométrique, s'il est possible. On mentionnera si la chaleur a varié pour quelques-unes des sources, à quelle époque et à quelle saison a eu lieu cette variation ; on se servira de préférence, pour ces expérimentations, de thermomètres à mercure (échelle centigrade).

La *seconde colonne* est consacrée à la composition chimique des eaux, d'après les analyses les plus récentes et les plus dignes de confiance. Le Médecin-Inspecteur pourra faire connaître son opinion sur cette analyse, et relater si l'iode, le brôme et l'arsenic ont été recherchés, et avec quel succès. Il pourra encore, à l'aide du sulfhydromètre, préciser, à différentes époques de l'année, la quantité du principe sulfureux dans les eaux sulfureuses.

La *troisième colonne* contient la description de l'établissement, l'indication du nombre de baignoires, de piscines pour chaque sexe, de douches liquides, descendantes, ascendantes, *écossaises*, de douches de vapeur et d'étuves ; on n'omettra pas d'indiquer les améliorations proposées, commencées, terminées, et leur utilité. Le Médecin-Inspecteur pourra exposer, dans cette colonne, quelques détails sur la nature du terrain minéralogique d'où paraît provenir la source minérale, et passer en revue les ressources de la contrée.

Vient ensuite le grand *Tableau des observations individuelles ;* ce tableau essentiel se résume en treize colonnes, qui sont consacrées aux indications suivantes :

1re Colonne. Numéro d'inscription de chaque malade.

2e   *Id*.   Nom du malade, ou ses initiales.

3e   *Id*.   Domicile.

4e   *Id*.   Age.

5e   *Id*.   Tempérament.

6e   *Id*.   Constitution.

7e   *Id*   Profession ou genre de vie.

8e   *Id*.   Description succincte de la maladie ; la caractériser par l'exposition de ses principaux symptômes, de ses causes et de ses complications.

9ᵉ Colonne. Années ou mois de durée de la maladie.

10ᵉ *Id.* Eaux minérales et autres moyens déjà employés.

11ᵉ *Id.* Traitement, dans l'établissement thermal, par la boisson, les bains, les douches de toute espèce, les étuves et les moyens accessoires.

12ᵉ *Id.* État du malade à son départ de l'établissement; amélioration, guérison ou aggravation.

13ᵉ *Id.* État du malade dans le cours de l'année qui suit l'usage des eaux; amélioration, guérison, aggravation ou récidive.

Les Médecins-Inspecteurs éprouvant beaucoup de difficultés pour obtenir des renseignements précis sur les effets consécutifs des eaux, cette dernière notation n'est pas de prescription rigoureuse.

Ce tableau des observations individuelles est suivi d'un tableau récapitulatif qui en offre la statistique. Ce tableau récapitulatif est divisé en sept colonnes :

1ʳᵉ Colonne. Désignation générique des maladies qui, dans le cours de la saison thermale, ont été soumises au traitement des eaux.

2ᵉ *Id.* Indication du nombre respectif de ces maladies.

3ᵉ *Id.* Nombre des malades guéris dans chaque espèce d'affection.

4ᵉ *Id.* Nombre des malades soulagés.

5ᵉ *Id.* Nombre des malades qui ont quitté l'établissement sans changement dans leur état.

6ᵉ **Colonne.** Nombre des malades dont l'état s'est aggravé, d'une manière persistante (1), par le traitement thermal.

7ᵉ **Id.** Nombre des malades dont le soulagement ou la guérison n'a eu lieu qu'après le départ des eaux; accidents; récidives (2).

La collection et la numération des faits particuliers relatés plus haut resteraient stériles pour les progrès de la science hydrologique et de la thérapeutique, si les Médecins-Inspecteurs ne s'efforçaient pas de rapprocher les faits qui se ressemblent le plus, de les analyser, et d'en déduire quelques corollaires pratiques sur l'efficacité de leurs sources contre telle ou telle forme pathologique.

Le verso du tableau récapitulatif et le recto de la feuille suivante sont destinés aux corollaires.

Après ces corollaires vient un tableau dont la première colonne concerne la constitution de l'atmosphère; la seconde, la constitution médicale de la contrée, avant, pendant et après la saison des eaux. La page suivante est divisée en quatre colonnes. La première de ces colonnes indique l'action des eaux minérales sur les différents appareils de l'économie chez l'homme, dans l'état de santé et de maladie; la seconde colonne comprend l'action des eaux expérimentées sur les animaux sains ou malades; la troisième colonne fait connaître les changements survenus, à la suite de fouilles

___

(1) Nous nous servons de l'expression *persistante*, parce qu'un des principaux résultats de l'action des eaux est d'aggraver momentanément les affections chroniques.

(2) Cette dernière notation est facultative.

ou de sondages, dans la quantité, la température et les autres propriétés physiques des eaux ; enfin la quatrième colonne est destinée à recevoir des renseignements statistiques qui sont plus particulièrement nécessaires à l'Administration. Un double de ces renseignements, ainsi que de ceux compris dans la colonne précédente et dans les trois colonnes du tableau n° 1, devra être joint au rapport de chaque Médecin-Inspecteur, pour l'usage des bureaux du Ministère de l'Intérieur, de l'Agriculture et du Commerce.

Mars 1852.

ANNEXE F.

LOI

DES 21 GERMINAL-1er FLORÉAL AN XI (11 AVRIL 1803),
Contenant organisation des Écoles de pharmacie.

TITRE IV.
DE LA POLICE DE LA PHARMACIE.

EXTRAIT.

29. A Paris, et dans les villes où seront placées les nouvelles Écoles de pharmacie, deux Docteurs et Professeurs des Écoles de médecine, accompagnés des Membres des Écoles de pharmacie et assistés d'un Commissaire de police, visiteront, au moins une fois l'an, les officines et magasins des pharmaciens et droguistes, pour vérifier la bonne qualité des drogues et médicaments simples et composés. Les pharmaciens et droguistes, seront tenus de représenter les drogues

et compositions qu'ils auront dans leurs magasins, officines et laboratoires. Les drogues mal préparées ou détériorées seront saisies à l'instant par le Commissaire de police ; et il sera procédé ensuite conformément aux lois et règlements actuellement existants.

30. Les mêmes Professeurs en médecine et Membres des Écoles de pharmacie pourront, avec l'autorisation des Préfets, Sous-Préfets ou Maires, et assistés d'un Commissaire de police, visiter et inspecter les magasins de drogues, laboratoires et officines des villes placées dans le rayon de dix lieues de celles où sont établies les Écoles, et se transporter dans tous les lieux où l'on fabriquera et débitera, sans autorisation légale, des préparations ou compositions médicinales. Les Maires et Adjoints, et, à leur défaut, les Commissaires de police, dresseront procès-verbal de ces visites, pour, en cas de contravention, être procédé contre les délinquants, conformément aux lois antérieures.

31. Dans les autres villes et communes, les visites indiquées ci-dessus seront faites par les Membres des Jurys de médecine, réunis aux quatre pharmaciens qui leur sont adjoints par l'article 13 (1).

(*Bulletin des lois.*)

FIN.

_____

(1) Cet article porte que : « Pour la réception de pharmaciens par les « Jurys de médecine, il sera adjoint à ces Jurys, par le Préfet de chaque « département, quatre pharmaciens, légalement reçus, qui seront nom- « més pour cinq ans, etc.... »

TABLE DES MATIÈRES.

ANNEXES.

FIN DE LA TABLE.

www.ingramcontent.com/pod-product-compliance
Lightning Source LLC
Chambersburg PA
CBHW071900200326
41519CB00016B/4470